CÓMO CREAR SUS PROPIAS
ANTIGÜEDADES

CÓMO CREAR SUS PROPIAS
ANTIGÜEDADES

Peter Knott

BLUME

BLUME

Título original:
Fake your own Antiques

Traducción:
Margarita Kirchner
Diseñadora / Interiorista
Miembro de ARQ-IN-FAD, Barcelona
(Arquitectura e Interiorismo del
Fomento de las Artes Decorativas)

**Revisión técnica de
la edición en lengua española:**
Reyes Pujol
Estudio Stencil
(Escuela taller de artes y oficios decorativos)

**Coordinación de la edición
en lengua española:**
Cristina Rodríguez Fischer

Primera edición en lengua española 1999

Av. Mare de Déu de Lorda, 20
08034 Barcelona
Tel. 93 205 40 00 • Fax 93 205 14 41
E-mail: info@blume.net

I.S.B.N.: 84-8076-295-0

Impreso en Eslovenia

Contenido

❖

Madera

METAL

PAPEL Y PIEL

YESO Y PIEDRA

Vidrio y cerámica

Plástico

Conglomerado

INTRODUCCIÓN

❖

Este libro se ha diseñado para ayudarle a crear, en muy poco tiempo, el estilo natural y la belleza de los muebles y objetos antiguos, a partir de un sencillo método que consiste en imitar el proceso natural de envejecimiento que sufren los distintos materiales con el paso de los años. Este método le permitirá disponer de sus propias antigüedades y piezas de época, elegidas y decoradas a su gusto y por muy poco dinero. Además, podrá desarrollar su habilidad manual al mismo tiempo que crea una enorme variedad de acabados antiguos. Los proyectos se pueden adaptar y coordinar de diferentes maneras para que armonicen con su decoración, ya que existe total flexibilidad en la elección del diseño, el color y la textura. Por otro lado, la mayoría de los acabados se pueden adaptar fácilmente, es decir, que los proyectos propuestos no son más que meros ejemplos, que deseamos le proporcionen la inspiración necesaria para crear una maravillosa colección de objetos bellos y originales.

El libro cuenta con cuarenta proyectos que muestran cómo simular un buen envejecimiento de las superficies con muy poco esfuerzo. Por ejemplo, se pueden utilizar fotocopias para reproducir grabados antiguos, desgastar la madera nueva para darle un toque de antigüedad o transformar el plástico vulgar en un mármol majestuoso. El libro se divide en secciones según el material utilizado en cada caso y examina las distin-

tas formas de tratar cada superficie, ya sea madera, cerámica, piel, vidrio, metal, papel, plástico o yeso. En todos los proyectos se ilustran con instrucciones paso a paso las diferentes etapas del proceso.

La mayoría de las superficies experimentan un cambio considerable durante cierto período de tiempo, y estos efectos se pueden imitar de modo fidedigno para crear la impresión de estos cambios. A veces es posible acelerar el proceso natural, como por ejemplo envejeciendo la piedra nueva. Otras veces se puede imitar el envejecimiento utilizando diversas técnicas. Los proyectos que mostramos le permitirán dominar algunos acabados como el découpage, la pátina de verdín o de metal y el craquelado, con el fin de recrear el estilo y el carácter de épocas pasadas.

Se ha utilizado una combinación de objetos nuevos y usados para ilustrar las técnicas apropiadas en una amplia gama de superficies.

Cada capítulo ilustra técnicas tipo que se pueden utilizar en superficies concretas y que a menudo sugieren sistemas apropiados para cambiar completamente la apariencia de una superficie, como en el caso de dar al plástico un aspecto de piedra o de transformar la madera para que parezca piel. La mayoría de las técnicas se pueden adaptar a una gran variedad de materiales y se ha de considerar cada proyecto como un punto de partida para dejar correr la imaginación. No tenga miedo de experimentar con las diversas técnicas: forma parte de la diversión el hecho de crear un aspecto y un estilo original cada vez que emprenda una obra, pues las posibilidades son infinitas. Inténtelo y déjese llevar por su creatividad. Espero que disfrute tanto como yo mientras preparaba este libro.

HERRAMIENTAS

❖

Probablemente usted ya posee algunas de las herramientas básicas necesarias para crear sus propias antigüedades. Sin embargo, le resultará inevitable tener que adquirir algunas herramientas especializadas y materiales para llevar a cabo algunos proyectos. La mayoría de estas herramientas se pueden encontrar con facilidad en las ferreterías o en las tiendas de material artístico. Trabaje siempre sobre una superficie limpia y plana, y mantenga las herramientas puntiagudas fuera del alcance de los niños. Para obtener los mejores resultados, utilice el tipo de pincel recomendado para la pintura que vaya a utilizar. Emplee pinceles finos para trabajar en los detalles y brochas especiales para los estarcidos. Limpie completamente los pinceles y las herramientas inmediatamente después de utilizarlas.

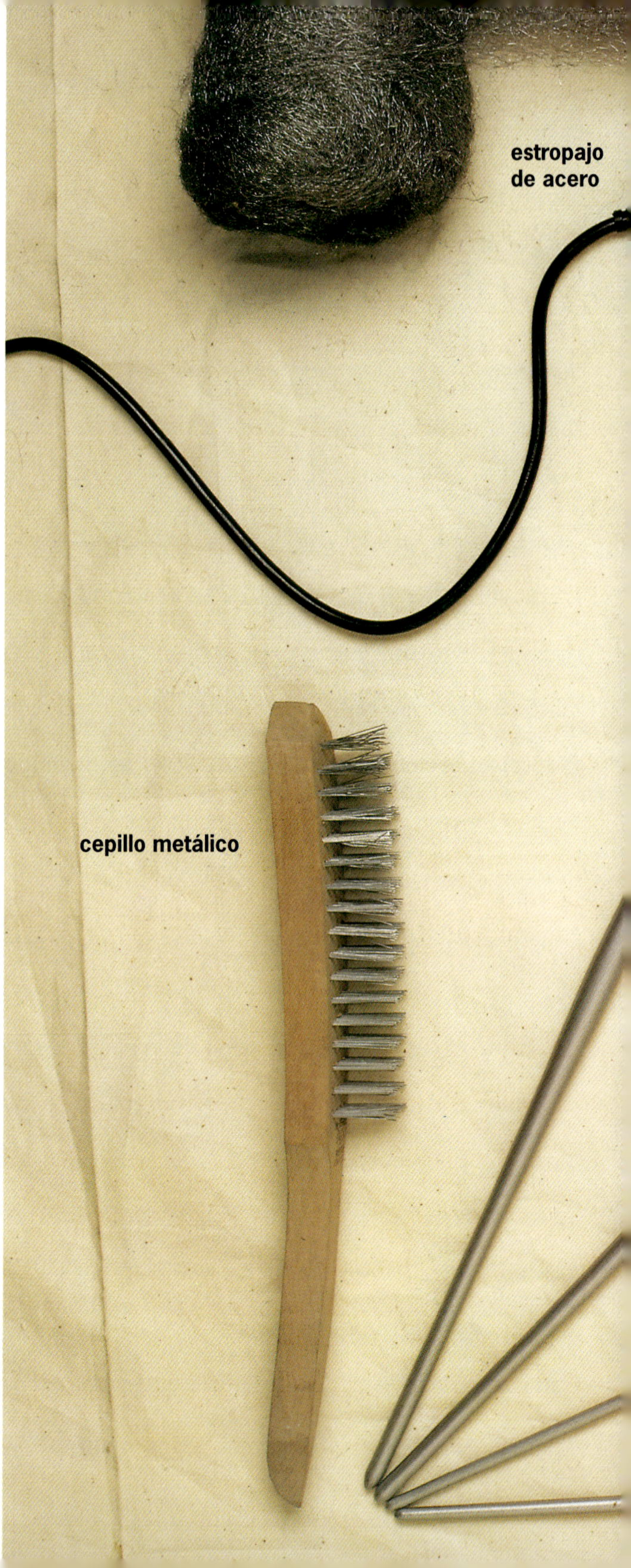

cúter eléctrico
cúter
brocha
lámina plástica
para estarcir
papel de lija
brochas de estarcido
pinceles
herramienta para
repujar la piel
brochas de punteado
brocha para suavizar

MATERIALES

❖

Es imprescindible utilizar el material apropiado para cada trabajo concreto. No tiene ningún sentido utilizar una pintura que se vaya de la superficie la primera vez que se lave. Por fortuna, existe una amplia gama de productos a su disposición, que le permitirán conseguir los mejores resultados, del modo más fácil y seguro. Es recomendable proteger la superficie de los objetos, una vez terminados, con un barniz. Recuerde que debe barnizar sobre una zona libre de polvo. Las pinturas al óleo resultan muy prácticas para técnicas de pintura específicas. Aunque son de secado lento, merece la pena esperar para conseguir los mejores resultados. Las pinturas en aerosol dan buenos resultados si se desea obtener una capa uniforme. Utilícelas siempre en una habitación bien ventilada y coloque el objeto sobre una caja grande de cartón para proteger la zonas adyacentes. Emplee aerosoles que no contengan CFC, pues se trata de un producto muy pernicioso para el medio ambiente. Cuando utilice materiales que contengan disolventes u otras sustancias tóxicas, siga las instrucciones del fabricante.

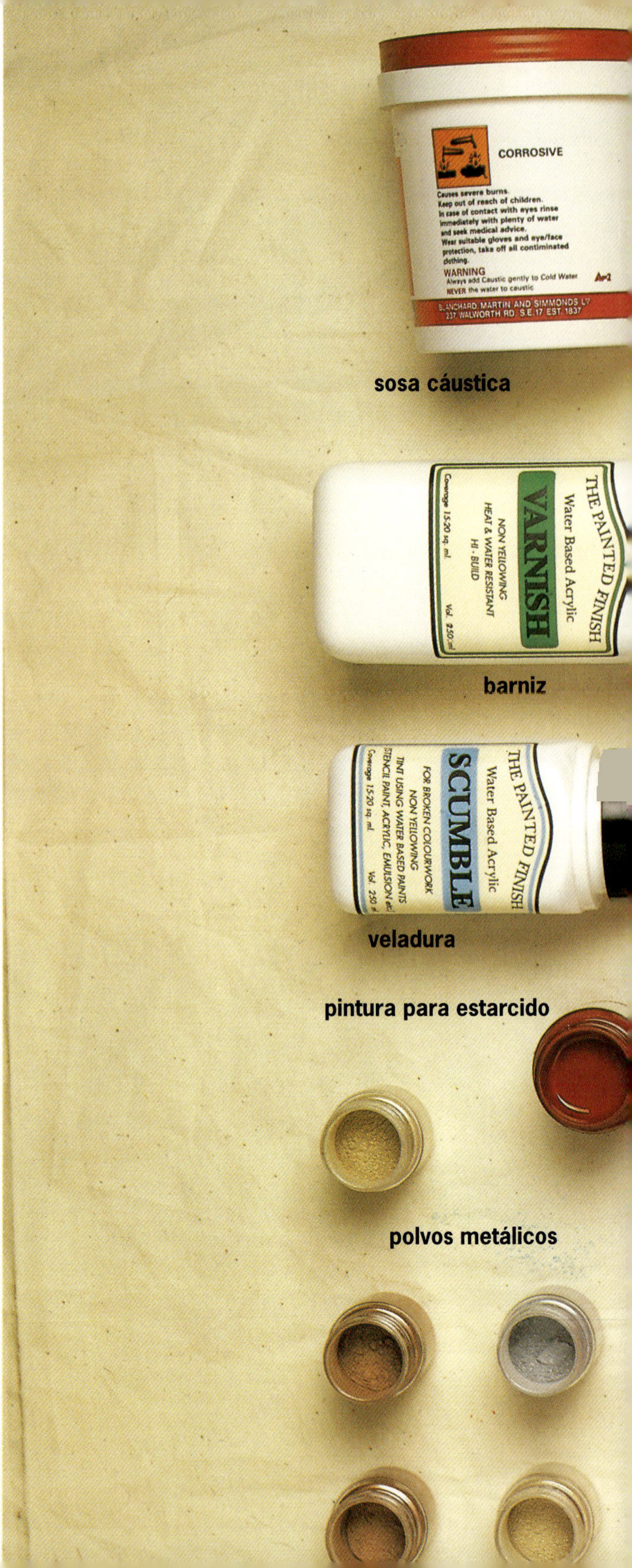

preparado para craquelar de doble envase
pintura al óleo
barniz de pátina
goma arábiga
pintura en aerosol
pegamento de contacto
recortes de papel para découpage
amoníaco
alcohol desnaturalizado
esmalte en frío
cola para manualidades
decapante para pintura
soluciones de pátinas metálicas
cera para muebles
VERNICE SCREPOLANTE PER QUADRI
VERNICE INVECCHIANTE PER QUADRI
Starpax
AMMONIA SOLUTION
SOFTENS WATER - SAVES SOAP
500ml
300 ml
LIBERON
TOURMALINE

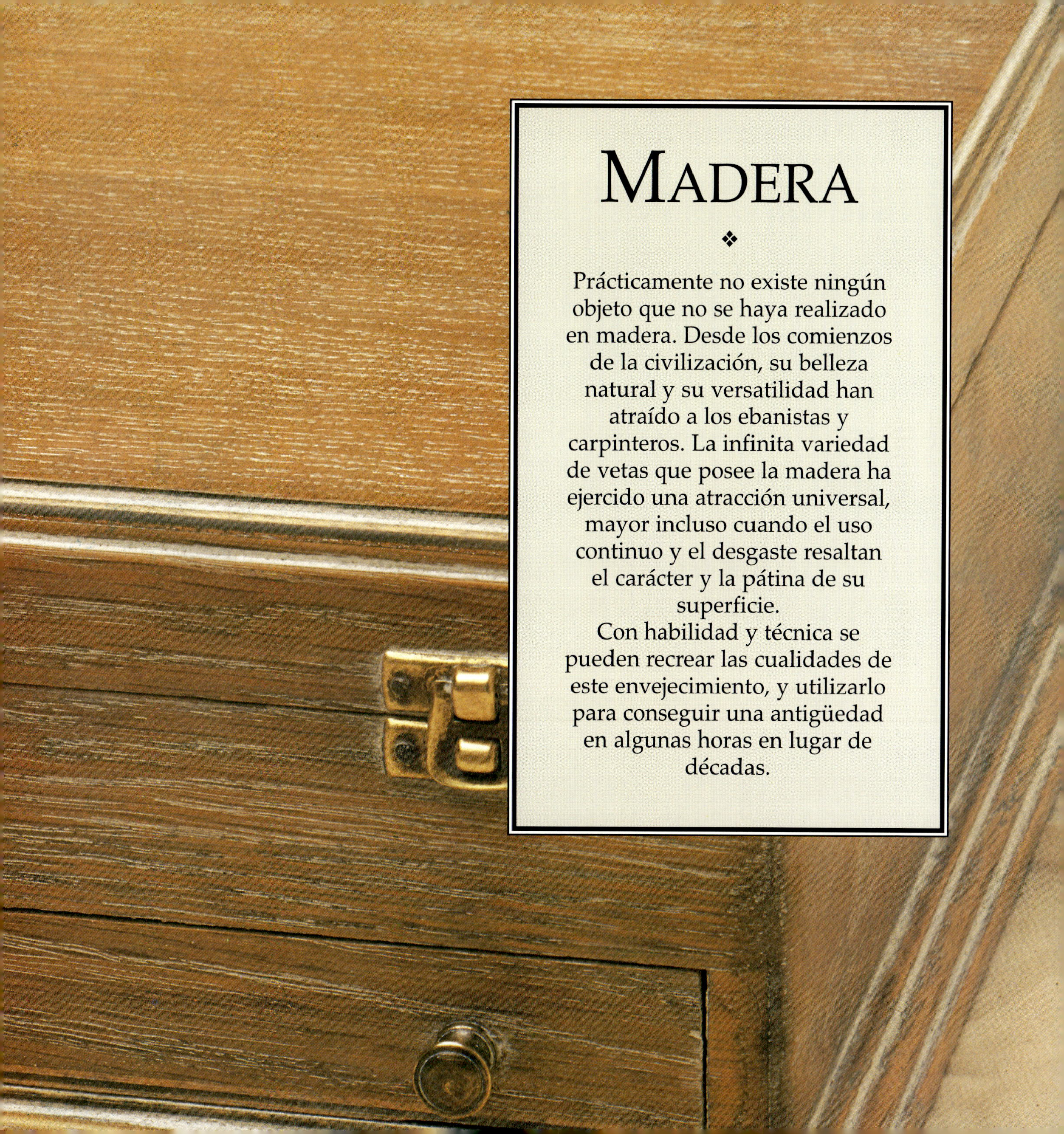

Madera

❖

Prácticamente no existe ningún objeto que no se haya realizado en madera. Desde los comienzos de la civilización, su belleza natural y su versatilidad han atraído a los ebanistas y carpinteros. La infinita variedad de vetas que posee la madera ha ejercido una atracción universal, mayor incluso cuando el uso continuo y el desgaste resaltan el carácter y la pátina de su superficie.

Con habilidad y técnica se pueden recrear las cualidades de este envejecimiento, y utilizarlo para conseguir una antigüedad en algunas horas en lugar de décadas.

Cómoda envejecida

❖

En la actualidad, objetos como esta cómoda de madera son muy populares y se encuentran con facilidad. Se puede conseguir una apariencia de envejecimiento natural aplicando tintes, ceras y barnices sobre prácticamente cualquier superficie de madera.

❖

Material necesario:

- Tinte de color roble oscuro con base de disolvente
- Paño suave
- Barniz acrílico o sintético
- Brocha para barnizar
- Papel de lija
- Cera tintada para muebles
- Pintura al óleo de color tierra sombra tostada
- Estropajo de acero

1 Aplique con un paño el tinte de color roble oscuro, siguiendo la dirección de las vetas. No extraiga los tiradores ni los pomos, ya que el desgaste y envejecimiento natural que desea imitar aparece en estas zonas.

2 Cuando el tinte se haya secado completamente, aplique como mínimo una capa de barniz para sellar la superficie. Frote ligeramente con el papel de lija entre capa y capa.

3 Mejore la calidad de la pátina añadiéndole capas de cera tintada para muebles. Mezcle con la cera un poco de pintura al óleo de color tierra sombra tostada y aplíquela con un estropajo de acero.

4 El desgaste resulta obvio en las piezas originales. Para imitarlo, añada más color en los lugares donde éste suele tener lugar, como en los tiradores de los cajones. Saque lustre a la cera endurecida para conseguir un acabado natural.

Pie desgastado *para plantas*

❖

A lo largo del tiempo, un mueble puede haberse repintado en numerosas ocasiones. Debido al envejecimiento natural, las capas de pintura se desgastan y aparecen restos de las anteriores. Esta técnica muestra cómo imitar un aspecto de envejecimiento natural.

❖

Material necesario:

- Pintura plástica (al menos de dos colores diferentes)
- Brochas
- Vaselina
- Estropajo de acero
- Esponja
- Barniz acrílico o sintético

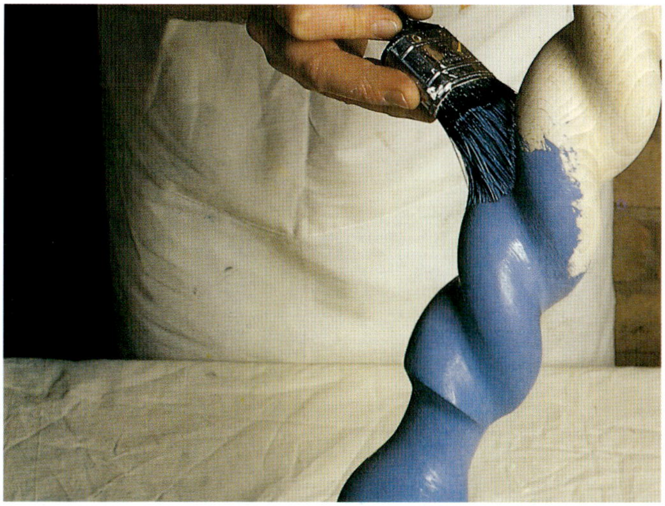

1 Aplique con una brocha una capa de pintura plástica azul sobre una superficie de madera lijada. Puede aplicar diferentes colores que contrasten si lo desea.

2 Cuando la capa de base se haya secado, aplique un poco de vaselina en las zonas con mayor probabilidad de desgaste. Aplique inmediatamente una capa de pintura plástica de otro color contrastado, y varias capas más cuando las anteriores estén totalmente secas.

3 Cuando se encuentre seca del todo, frote la superficie con un estropajo de acero de grado medio. La vaselina evitará que las capas de pintura se adhieran entre sí y le permitirá retirar con facilidad las capas superiores.

4 Aplique con una esponja o una brocha una capa de pintura plástica color miel muy diluida sobre toda la superficie para imitar el efecto del barniz envejecido. Cuando se haya secado, añada una capa de barniz.

Caja de roble *talqueada*

❖

Era muy habitual tratar la mayoría de las maderas duras con cal para protegerlas del ataque de la carcoma u otras plagas, que destruían los edificios y el mobiliario. Sin embargo, las vetas blancas de la madera tratada han adquirido una gran popularidad y en la actualidad se pueden conseguir fácilmente con cera de blanquear o talquear. Esta original caja para guardar cubiertos inicia una nueva etapa de su vida gracias a esta técnica simple pero efectiva.

❖

Material necesario:

- Decapante de pintura
- Brocha
- Espátula metálica
- Estropajo de acero
- Brocha metálica suave
- Cera de blanquear o talquear
- Cera para muebles
- Paño suave

1 Con una brocha, aplique el decapante sobre la superficie. Siga las instrucciones del fabricante. Utilice una espátula para quitar el barniz de la superficie. Extraiga el resto del barniz con un estropajo de acero empapado de decapante.

2 Levante las vetas claras más suaves con una brocha metálica suave. Frote la superficie con fuerza siguiendo la misma dirección que las vetas de manera que la superficie no se raye.

3 Aplique una capa uniforme de cera de talquear con un estropajo de acero de grado medio, haciendo penetrar la cera totalmente en las vetas abiertas. Deje la caja en un lugar fresco durante unos 30 minutos como mínimo.

4 Distribuya cera transparente para muebles sobre la superficie con un estropajo de acero. Restriegue la superficie. Cuando se haya endurecido, pula con un paño suave hasta conseguir un acabado semibrillante.

Marco decorado para *espejo*

❖

En los altillos o en los trasteros puede encontrar tesoros entre los objetos desechados o estropeados. Un marco sencillo y barato se puede transformar utilizando molduras de serie, pinturas y veladuras. Las mismas técnicas se pueden adaptar fácilmente a puertas antiguas, armarios o incluso paredes. Juegue con las veladuras: debido a su lento secado, se pueden mezclar los colores para crear gran diversidad de bellos motivos decorativos.

❖

Material necesario:

- Papel de lija de grado medio
- Aguarrás
- Diversas molduras
- Cola para manualidades
- Cinta adhesiva o de pintor
- Paño suave
- Tabla plana y peso
- Pintura mate
- Brochas
- Veladura transparente y colorante apropiado
- Bote vacío
- Trapo

1 Frote vigorosamente la superficie con un papel de lija de grado medio. Para limpiarla, utilice aguarrás o un detergente líquido.

2 Cuando el marco esté seco, pegue las molduras elegidas sobre la superficie, comprobando que utiliza la cola apropiada. La cinta adhesiva le dará la sujeción necesaria mientras se seca la cola.

3 Coloque las molduras con cuidado y continúe construyendo el diseño. Deje de trabajar con el marco hasta que la cola se seque por completo. Utilice una tabla bien plana y un peso para presionar fuertemente las dos superficies una contra la otra.

4 Cuando la cola esté seca, pinte una capa de pintura mate de color claro con una brocha. Deje secar el marco y añada luego más capas hasta conseguir el efecto apropiado.

5 El enlucido para acabados decorativos suele ser transparente, por lo que debe teñirlo con el color adecuado. Ponga un poco de pintura al óleo en un bote transparente y añada aguarrás.

6 Disuelva y mezcle la pintura con un pincel o un palo, comprobando que no queden grumos sin disolver en la base del bote.

7 Añada al bote la veladura transparente al óleo y mézclelo, teniendo en cuenta que la mezcla no debe contener más de un 15 % de disolvente. Como alternativa se pueden utilizar veladuras con base al agua.

8 Pinte con la veladura teñida sobre la superficie preparada, vigilando que toda la superficie quede cubierta. Aplique dos o más colores de veladura y mézclelos si es necesario.

9 Retire el exceso de veladura secando la brocha con un trapo viejo, pero limpio, o una toalla. Puntee la superficie con una brocha.

10 Retoque la superficie con un paño limpio para retirar la veladura sobrante de algunos puntos concretos, con el fin de crear un acabado decorativo. Cuando la veladura esté seca, aplique una capa de barniz protector.

Taburete de pino *envejecido*

El pino se beneficia de los estragos del tiempo mucho más que ninguna otra madera. Su color se suaviza, y las abolladuras y rasguños de la superficie le dan un toque característico. El pino nuevo sin tratar se puede modificar fácilmente hasta conseguir este aspecto.

Material necesario:

- Manojo de llaves o cadena pesada
- Pintura plástica marrón o negra
- Esponja
- Papel de lija
- Soplete
- Barniz acrílico o sintético
- Brocha
- Cera para muebles
- Estropajo de acero
- Paño suave

1 Golpee la superficie de la madera con un objeto metálico, como un manojo de llaves o una cadena pesada. Seguidamente, aplique una capa muy fina de pintura plástica de un color marrón sucio o té fuerte frío, y déjela secar.

2 Cuando esté seca, suavice la superficie con papel de lija de grado medio. Restriegue un poco de pintura plástica negra o pigmento en polvo para que penetre en las zonas ásperas y dañadas, para que así destaquen e imiten la suciedad acumulada de modo natural.

3 Utilice un soplete, una pistola de aire caliente o cualquier otra fuente de alto poder calorífico para chamuscar la superficie. Restriéguela de nuevo para retirar cualquier exceso de pintura negra o marcas de quemaduras.

4 Aplique una capa de barniz acrílico con base al agua. Cuando se haya secado, añada la cera para muebles utilizando el estropajo de acero; deje la madera en un sitio fresco y seco mientras se endurece la cera. Pula la superficie.

Arcón restaurado

❖

Algunos elementos de mobiliario siempre encontrarán un buen lugar en el hogar, como este maravilloso arcón, listo para una restauración. Los paneles están acabados con una imitación de piel, en contraste con las bandas, imitación de hierro, lo que crea una impresión de gran calidad y resistencia.

❖

Material necesario:

- Papel de lija
- Pintura plástica y espesante
- Surtido de brochas
- Herramienta para dar textura
- Paños suaves
- Cera para muebles y pintura al óleo
- Estropajo de acero
- Aguarrás
- Pintura plateada
- Pintura plástica negra o veladura
- Barniz acrílico

1 Frote la superficie con papel de lija, espese la pintura plástica mezclándola con blanco de España u otro producto en polvo con textura, y aplíquela. Utilice una brocha de punteado u otra herramienta que dé textura para crear un granulado en la superficie; déjela secar.

2 Coloree un poco de cera para muebles con pintura al óleo y aplíquela a la superficie con una brocha o un estropajo de acero. Una mezcla en colores similares produce un buen efecto. Aplique múltiples capas a medida que la cera se endurece.

3 Lave las bandas con aguarrás y déjelo secar antes de aplicar una capa de pintura plateada. Si la pintura no se adhiere, vuelva a limpiar la superficie y pinte de nuevo.

4 Cuando la pintura plateada esté seca, pase por la superficie un paño con pintura plástica rebajada o veladura negra para lograr un parecido realista con el hierro. Aplique una capa de barniz protector a la superficie.

Toallero de falso *bambú*

❖

En la época victoriana el bambú era un material muy popular, pero a principios del siglo xx pasó de moda. Sin embargo, en la actualidad, el bambú, tanto el verdadero como el de imitación, ha recobrado su popularidad. Esta reproducción moderna de un toallero realizado con barras de falso bambú parece realmente auténtica. Con esta técnica se puede tratar cualquier objeto, desde barandillas poco estéticas hasta cañerías.

❖

Material necesario:

- Pintura plástica en colores crema, miel y negro
- Papel de lija
- Brochas
- Esponja
- Barniz acrílico
- Veladura transparente y colorantes
- Paños suaves
- Barniz satinado al óleo o sintético

1 Pinte una capa de pintura plástica en color crema sobre la superficie lijada y preparada.

2 Cuando la primera capa esté seca, frótela con papel de lija, límpiela y repinte hasta conseguir un buen acabado. Cuando se haya secado, añada una pasada fina de pintura plástica en color miel con una esponja o con una brocha.

3 Aplique una capa de barniz acrílico para sellar la superficie y déjela secar.

4 Con la brocha dé a cada una de las barras una capa de veladura tintada de marrón oscuro. Resultan apropiadas tanto las veladuras acrílicas como aquéllas con base de disolvente.

5 Utilice un paño suave como almohadilla, alrededor de la barra, y desplace la veladura para crear aros a intervalos irregulares a lo largo de la barra.

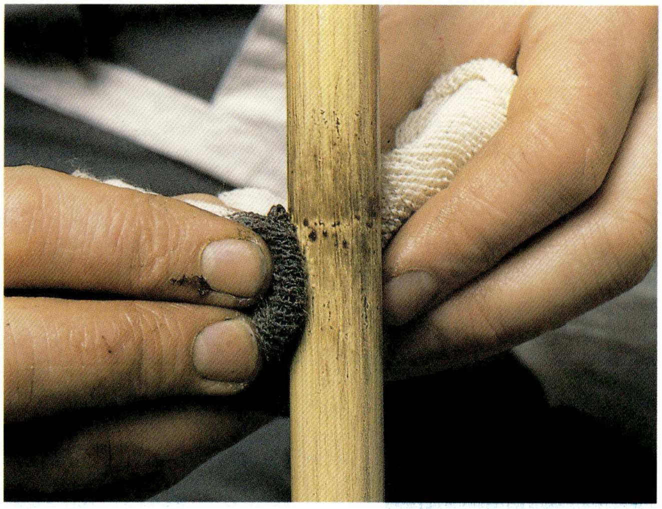

6 Continúe trabajando con la veladura. Si es necesario, añada una segunda y una tercera capa.

7 Cuando la superficie se encuentre seca, pinte con un pincel fino en negro las características marcas del bambú.

8 Puntee los extremos del toallero con una veladura marrón intensa. Cuando se haya secado, aplique dos capas como mínimo de un barniz satinado con base al óleo para proteger la superficie.

Vitrina desgastada *con cera*

❖

La mezcla de materiales que reaccionan entre ellos a menudo se puede utilizar con el fin de conseguir resultados impactantes.
Uno de los ejemplos más evidentes y fáciles de conseguir es el desgaste con cera, en el que se utiliza una cera para muebles con base de trementina para que penetre a través de la pintura plástica y saque a la luz el color de base en algunas zonas. Esta bonita vitrina de pino recién construida se presta a esta técnica a la perfección.

❖

Material necesario:

- Dos pinturas plásticas de color contrastado
- Brochas variadas
- Pintura acrílica dorada con base al agua
- Cera para muebles
- Estropajo de acero
- Paño suave
- Aguarrás
- Pasta de dorar

1 Cubra el pino natural con al menos dos capas de pintura plástica blanca y, una vez completamente seca, pinte la capa superior de un color que contraste.

2 Cuando la capa superior se haya secado, resalte las molduras con pintura dorada. Ésta se seca con gran rapidez, y para conseguir un buen acabado metálico se deben añadir diversas capas.

3 Deje secar la pintura de un día para otro y después aplique sobre la superficie un poco de cera para muebles con un estropajo de acero. Retire cantidades variables de la capa superior todavía blanda con el estropajo de acero.

4 Deje endurecer la cera y, seguidamente, pula la superficie para conseguir un brillo natural. Limpie el cristal con un trapo y aguarrás y utilice un poco de pasta de dorar para resaltar las molduras.

Caja pintada *y estarcida*

❖

El estarcido es una de las técnicas de pintura más sencillas y más efectivas, que puede transformar incluso el objeto más simple en una bella obra artística. En la actualidad se pueden encontrar con facilidad objetos simples sin acabar, como esta sencilla caja de chapa, que resultan muy adecuados para someterse a este tipo de transformaciones.

❖

Material necesario:

- Pintura con base al agua
- Brochas
- Papel de lija
- Plantilla de estarcir
- Adhesivo en aerosol/cinta adhesiva
- Brochas de estarcido y pintura
- Paleta o plato viejo
- Barniz acrílico o sintético con base al óleo

1 Pinte la caja con al menos dos capas de pintura con base al agua, como plástica o acrílica, y déjela secar el tiempo suficiente entre capa y capa para poder lijar la superficie, si es necesario.

2 Fije la plantilla de estarcir con adhesivo en aerosol o con cinta adhesiva. En este caso, la plantilla se ha recortado a mano, pero puede encontrar fácilmente otras ya preparadas. Con una brocha, coja la pintura de la paleta. Puntee o desplace la brocha en espiral a través de la plantilla.

3 Aplique una segunda o incluso una tercera capa para aumentar la intensidad del color. Aplíquela con rapidez, ya que la pintura de estarcido se seca casi instantáneamente.

4 Retire con cuidado la plantilla para dejar al descubierto su obra, que puede completar con más estarcidos o incluso pintando a mano algún detalle. Barnice la caja con el fin de asegurar una mejor conservación.

cresc.
cresc.

Caja de música craquelada y *con découpage*

❖

Aunque la época del fonógrafo ha pasado, hemos redecorado esta preciosa caja de música para crear una atractiva pieza de mobiliario, apropiada para muy diversos usos. En lugar de rascar la pintura original, decidimos dar a la madera de roble un acabado con barniz acrílico para craquelado y decorarla con un découpage de partituras de música que evocan sus glorias pasadas.

❖

Material necesario:

- Papel de lija de grado medio
- Dos pinturas con base al agua
- Pinceles
- Producto acrílico para craquelar
- Barniz acrílico o sintético con base al óleo
- Páginas de découpage
- Cúter / tijeras
- Té fuerte frío
- Cola para manualidades

1 Frote la superficie con papel de lija de grado medio con el fin de lograr una base sólida y apropiada para las siguientes capas.

2 Sobre todas las superficies que vaya a craquelar, aplique una capa de la pintura coloreada que aparecerá entre el craquelado. Tanto las pinturas plásticas como las acrílicas resultan apropiadas.

3 Cuando la capa de base se haya secado, aplique una capa de producto acrílico para craquelado. El grosor de la capa determina el tipo de grietas que se van a formar, por lo que es mejor que experimente con una muestra.

4 Deje secar la superficie y a continuación aplique una nueva capa en un color contrastado con pintura plástica o acrílica. Hágalo de una vez y en la misma dirección que el producto de craquelado.

5 A medida que se seca la capa superior, aparecerá el craquelado, lo cual proporcionará a la pintura un efecto agrietado y antiguo. Si no está del todo satisfecho con el acabado, séllelo con barniz antes de iniciar de nuevo el proceso.

6 Recorte a la medida las partituras musicales, fotocopiadas de algún manuscrito de música, y sumérjalas en una solución fuerte de té frío el tiempo suficiente para conseguir el grado deseado de coloración.

7 Pegue el papel todavía húmedo sobre la superficie con cola para manualidades. Procure no dejar bolsas de aire, pero al hacerlo no frote con excesiva fuerza sobre la superficie reblandecida.

8 Resiga y recorte con atención el papel para que encaje en los paneles. El papel mojado es muy blando, de modo que tenga cuidado de no rasgarlo. Continúe pegando hojas, sobreponiéndolas si es necesario, y después déjelas secar.

Toallero de cocina

❖

Los primeros colonizadores de Norteamérica establecieron rápidamente una estilo de diseño único que a menudo combinaba influencias alemanas, holandesas y nativas. Para crear el auténtico estilo Shaker, fabricaron pinturas a partir de diferentes mezclas de cal, pigmentos y clara de huevo, y decoraron los objetos pintándolos a mano o estarciéndolos con motivos naif o populares. Este toallero de cocina recrea el estilo original con modernas pinturas de caseína.

❖

Material necesario:

- Papel de lija
- Pintura de caseína
- Brochas
- Plantillas de estarcir
- Adhesivo en aerosol / cinta adhesiva
- Pintura y brochas para estarcido
- Barniz acrílico o sintético con base al óleo

1 Restriegue la superficie laqueada del toallero con papel de lija. Mezcle la pintura con el agua justo antes de utilizarla. Siga siempre las instrucciones, ya que se trata de pintura alcalina y puede causar quemaduras.

3 Cuando se haya secado, fije la plantilla de estarcir con adhesivo en aerosol o cinta adhesiva. Puede utilizar tanto una cortada a mano como una ya preparada. Emplee una brocha seca con un movimiento de punteado o rotativo para aplicar la pintura de estarcido.

2 Aplique la pintura con una brocha, siempre en una misma dirección. Este tipo de pintura recubre muy bien y se seca con rapidez dejando una textura ligeramente irregular. Añada una segunda y tercera capa si es necesario.

4 Como esta pintura se seca casi al instante, puede mezclar varios colores para conseguir matices sutiles. Proteja la superficie del toallero con barniz para evitar dejar marcas al utilizarlo.

Marco dorado para *fotografías*

❖

Un marco para colocar fotografías, tanto viejo como nuevo, se puede transformar fácilmente en una fabulosa antigüedad utilizando pasta de dorar. El pan de oro tradicional es caro y además su aplicación requiere una gran habilidad, mientras que la pasta de dorar ofrece una alternativa accesible y de buena calidad.

❖

Material necesario:

- Cinta de pintor
- Imprimación de óxido rojo
- Brocha
- Pasta de dorar
- Paños suaves
- Aguarrás
- Estropajo de acero
- Barniz dorado (opcional)

1 Proteja la superficie de cristal del marco con cinta de pintor antes de aplicar una capa de imprimación de óxido rojo. Añada más capas si resulta necesario.

2 Aplique la pasta de dorar con un paño. Se puede utilizar un único color o mezclar diversos matices de la misma gama, y retirar el exceso de pasta con aguarrás.

3 Deje endurecer la superficie terminada, si es posible de un día para otro, y desgaste la superficie frotando con estropajo de acero. Una base roja apagada constituye un complemento ideal para una superficie dorada.

4 Retire la cinta de pintor y limpie los bordes. El acabado, aunque muy duradero, se puede hacer incluso más resistente con una capa de barniz especial para dorados.

METAL

❖

La corrosión natural de algunos metales sigue, por lo general, un proceso muy lento, que a menudo produce efectos espectaculares, como es el caso del verdín natural que se forma sobre el cobre o el latón. Este proceso natural se puede imitar y acelerar a través del tratamiento de una superficie metálica nueva, la cual también se presta a una enorme variedad de acabados, como el esmaltado o el emplomado desgastado o uniforme, cada uno de ellos con su propio estilo y carácter.

Candelabro con verdín

❖

La mayoría de las superficies metálicas se corroen y desgastan con el paso del tiempo. Sobre algunas de ellas, como el latón o el cobre, este envejecimiento resulta particularmente atractivo.
El aspecto del latón envejecido, con su lustre suave y gastado, con el inconfundible moteado verde de verdín en algunas zonas, se puede reproducir fácilmente sobre un candelabro brillante recién fabricado, con la ayuda de diversas pinturas y papel de lija.

❖

Material necesario:

- Aguarrás
- Paños suaves
- Aerosol de pintura acrílica gris
- Brochas
- Pintura plástica de color verde claro
- Acuarela de color viridio
- Papel de lija o una esponja con estropajo
- Pintura acrílica de color tierra sombra natural

1 Limpie el latón nuevo con aguarrás para retirar cualquier rastro de grasa o suciedad, y seguidamente cubra con el aerosol todo el candelabro con una capa uniforme y fina de pintura acrílica gris.

2 Mezcle pintura plástica verde claro con acuarela de color viridio para conseguir un tono parecido al verdín. Pase la brocha para que salga la capa gris de la base y se creen contrastes oscuros y claros.

3 Cuando esté seco, frote ligeramente la superficie con papel de lija, hasta llegar al latón en las partes en relieve o en las zonas que se tocan con mayor frecuencia. Muestre la capa gris de la base en algunos puntos.

4 Finalmente, aplique una capa muy diluida de pintura acrílica de color tierra sombra natural. Ésta se filtrará en las grietas y rebajará el tono de la pintura verde recién aplicada.

Aplique dorado

❖

Aunque los complementos modernos gozan a menudo de un buen diseño, por lo general los materiales con que se fabrican resultan bastante económicos. Este aplique dorado es un ejemplo típico: en otros tiempos estaría hecho con latón, que requiere un pulido regular para conservar su aspecto, mientras que esta copia está acabada con una capa fina de dorado laqueado.

Con frecuencia, esta capa superior se estropea, lo que le da un aspecto empañado. Puede aprovecharse de esto retirando la capa superior y matizando la superficie de forma deliberada. Utilice esta técnica también en los pomos de las puertas, aldabas y otros complementos de la casa.

❖

Material necesario:

- Solución de sosa cáustica o preparado especial para retirar pintura
- Trapos
- Aguarrás
- Soluciones para pátinas metálicas o turmalina
- Bolas de algodón
- Aceite de jade

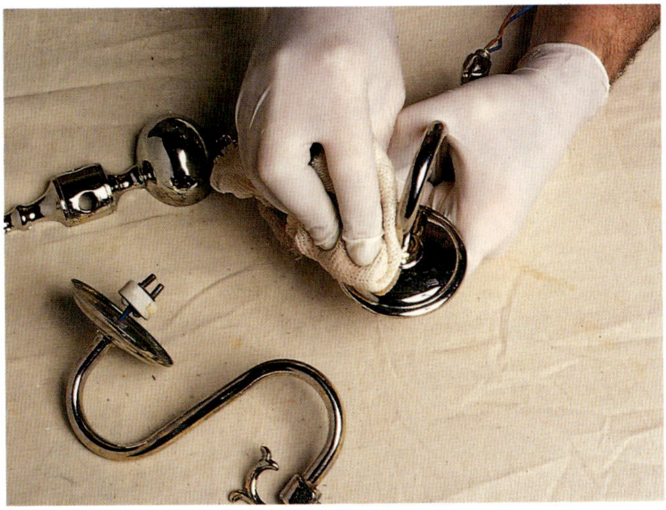

1 Retire la laca y el dorado con un preparado especial o sumergiendo la pieza en un baño de sosa cáustica y no olvide proteger o retirar los cables. Limpie la superficie con aguarrás.

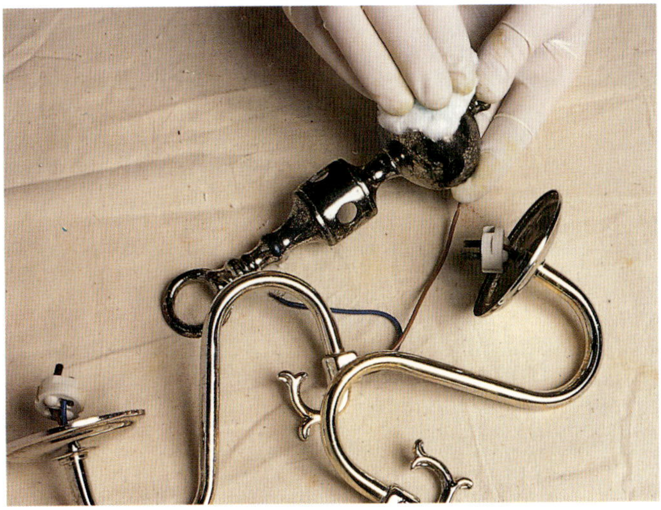

2 Con una bola de algodón, aplique suavemente la turmalina o la solución de pátina metálica.

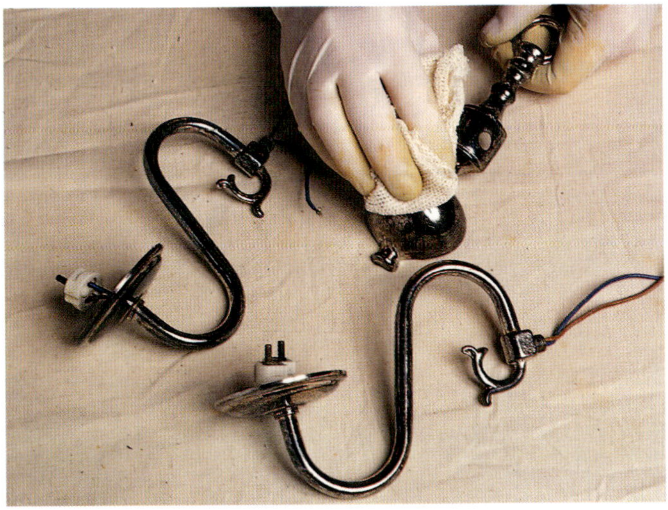

3 El proceso de aplicar la pátina es muy rápido. Párelo cuando sea preciso limpiando la superficie con un trapo mojado.

4 Fije la superficie terminada para evitar decoloraciones posteriores, frotando con un poco de aceite de jade. Cuando se haya secado le proporcionará un acabado resistente y duradero.

Chimenea eduardiana *restaurada*

❖

Siempre resulta una buena idea contar con complementos arquitectónicos originales, como una chimenea, que encajen con el estilo y el carácter de su hogar. Este marco para chimenea de la época eduardiana constituye una pieza especialmente indicada para proporcionar un toque elegante a cualquier estancia. Ha sido necesario despintarlo antes de darle un acabado con el aspecto natural del plomo ennegrecido.

❖

Material necesario:

- Decapante para pintura
- Estropajo de acero
- Guantes de goma
- Aguarrás
- Pintura negra mate resistente a altas temperaturas
- Paños suaves
- Plomo negro

1 Retire la pintura original con un decapante para pinturas, si es necesario con varias aplicaciones. Utilice estropajo de acero para extraer la pintura de las zonas con molduras.

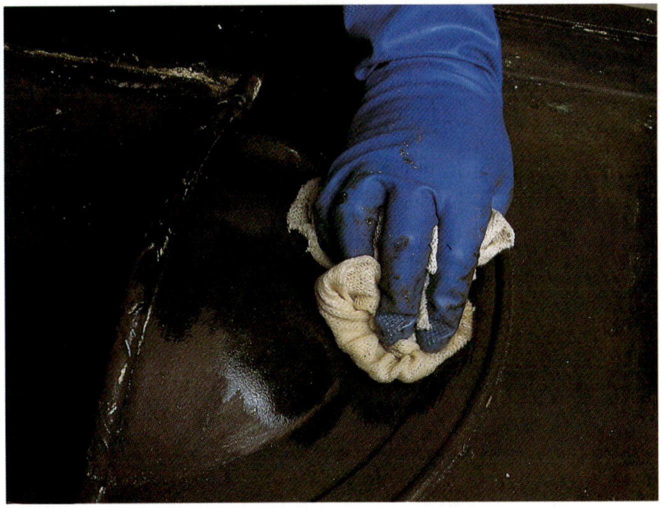

2 Cuando haya retirado la pintura, limpie la superficie con aguarrás y un estropajo de acero.

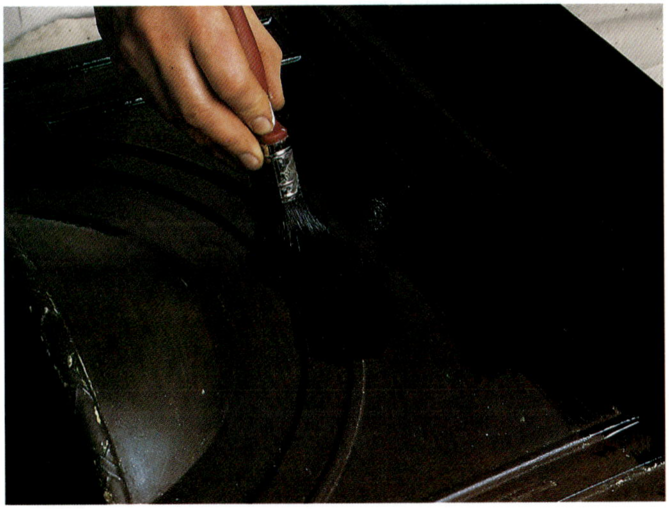

3 Aplique una capa de pintura mate para altas temperaturas y déjela secar.

4 Utilice un trapo suave para añadir una capa de plomo negro. Púlalo para conseguir un suave brillo natural.

Regadera con *découpage*

❖

El découpage se hizo muy popular durante la época victoriana y se utilizó para crear complejas imágenes tridimensionales sobre todo tipo de objetos domésticos. Las imágenes recortadas que se han utilizado para decorar esta regadera de aspecto antiguo corresponden a sencillos animales de granja, tomados directamente de una cenefa de papel para paredes. El delicado acabado craquelado se ha conseguido combinando barnices con base al agua y sintético.

❖

Material necesario:

- Imprimación para metales
- Brochas
- Papel de lija
- Pintura plástica de colores
- Barnices acrílicos y sintéticos
- Muestras para recortar y tijeras
- Solución de cola para manualidades
- Esponja
- Preparado para craquelar en dos componentes (contiene un barniz de pátina con base al óleo y goma arábiga con base al agua)
- Detergente
- Pasta de dorar o pintura al óleo
- Aguarrás

1 Pinte la superficie galvanizada con una imprimación para metales apropiada. Cuando esté totalmente seca, frótela con papel de lija de grado fino.

2 Aplique pintura plástica de color verde y déjela secar. Además, puede ser necesaria una segunda e incluso una tercera capa para obtener un buen resultado. También se pueden utilizar pinturas mates acrílicas o sintéticas.

3 Selle la capa de base con un barniz de base acrílica o sintética. Los acabados mates pueden no necesitar este sellado, pero tardan más tiempo en secarse.

4 Seleccione las imágenes con las que va a decorar la regadera: los papeles para envolver regalos, las cenefas o los libros de découpage constituyen buenas fuentes de donde extraer dibujos. Recorte las imágenes con unas tijeras afiladas.

5 Empape las imágenes durante algunos minutos en una solución diluida de cola para manualidades. Este tipo de cola resulta ideal, ya que al secarse se vuelve totalmente transparente.

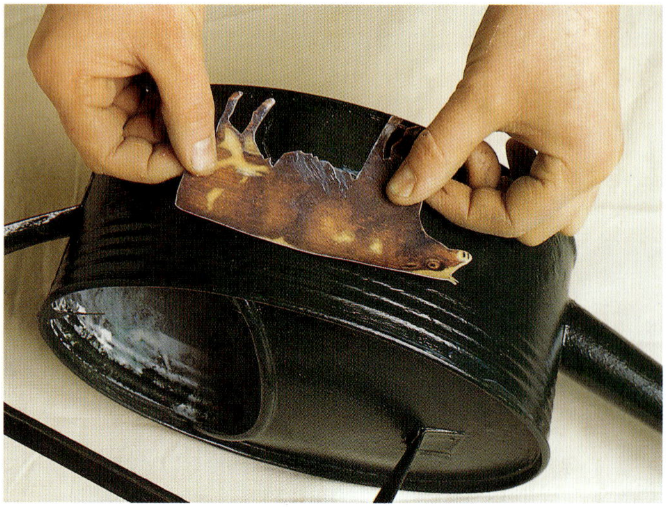

6 Aplique otra capa de cola antes de colocar cuidadosamente las imágenes. Utilice una esponja empapada para sacar cualquier burbuja de aire que hubiera quedado atrapada.

7 Cuando la cola se haya secado, selle la superficie con una capa de barniz acrílico o sintético con base al óleo. Una vez seco éste, aplique una capa de barniz de pátina con base al óleo. Asegúrese de que aplica una capa uniforme.

8 Cuando la superficie se encuentre casi seca, pero todavía ligeramente pegajosa, añada una capa de goma arábiga con base al agua. Si ésta se disgrega, mezcle un poco de goma arábiga con detergente y aplíquela de nuevo. De este modo, al secar las dos capas a velocidades distintas se formarán grietas.

9 Cuando se haya secado, frote pintura con base al óleo sobre la superficie. En este caso se ha utilizado una pasta de dorar para hacer las grietas doradas. Retire cualquier exceso de pintura al óleo con aguarrás.

10 Cuando la pintura esté totalmente seca, recubra la superficie con un barniz con base al óleo, lo cual le añadirá un aspecto antiguo muy natural.

Cafetera pintada *a mano*

❖

Se puede utilizar el tradicional pintado a mano para decorar casi cualquier objeto, técnica que a menudo se conoce como esmaltado. Se pueden decorar desde objetos tan grandes como una barca de remos hasta pequeños complementos como esta cafetera esmaltada. Los diseños se pueden dibujar o marcar sobre la superficie para que sirvan como guía de modo que usted podrá crear una artística pieza única en muy poco tiempo.

❖

Material necesario:

- Diseño
- Rotulador suave
- Conjunto de colores de esmalte o pintura para cerámica en frío
- Diversos pinceles
- Paleta o plato viejo

1 Puede encontrar originales diseños en libros, que deberá copiar o marcar sobre la superficie utilizando un rotulador suave. Cuando haya finalizado el trabajo, sólo tendrá que borrar estas guías.

2 Disponga los colores de base, mezclándolos cuando resulte necesario, sobre la paleta. Utilice un pincel bien cargado y aplique la pintura con pinceladas seguras.

3 Mientras la base esté todavía húmeda, aplique el color más llamativo y deje que ambos se mezclen para crear un matiz natural.

4 Los detalles sencillos, como este motivo pintado, ayudan a completar armoniosamente el diseño, pero también se puede conseguir un buen resultado con un estarcido apropiado.

Recipiente para carbón pintado *y craquelado*

❖

Algunos objetos, como este recipiente para carbón, han dejado de tener su función en el hogar y, con frecuencia, se tiran. Sin embargo, se les puede dar un nuevo empleo como utensilio doméstico transformándolos en macetero o papelera.

El acabado craquelado imita el agrietado natural que se forma en algunas superficies pintadas, haciendo que encaje con facilidad en diversos estilos decorativos.

❖

Material necesario:

- Papel de lija
- Pinturas con base al agua de diversos colores
- Brochas
- Producto para craquelar
- Barniz acrílico o sintético
- Cera para muebles y colorante

1 Limpie en profundidad la superficie, frótela con papel de lija y realice una imprimación con la pintura apropiada.

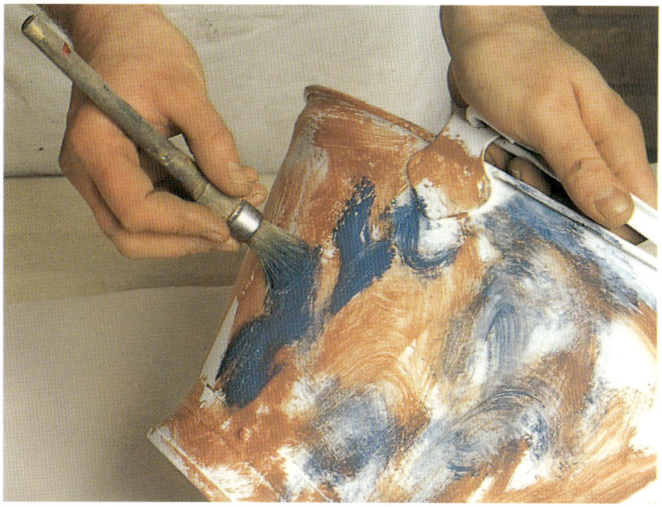

2 Aplique al azar diversos colores sobre la superficie hasta crear una capa que en algunos puntos podrá verse a través de las grietas y que también se puede pintar con un único color liso.

3 Cuando se haya secado, aplique una capa de producto acrílico para craquelar sobre toda la superficie. Añada una capa de pintura acrílica o plástica. Repase con la brocha los detalles para asegurar un buen craquelado.

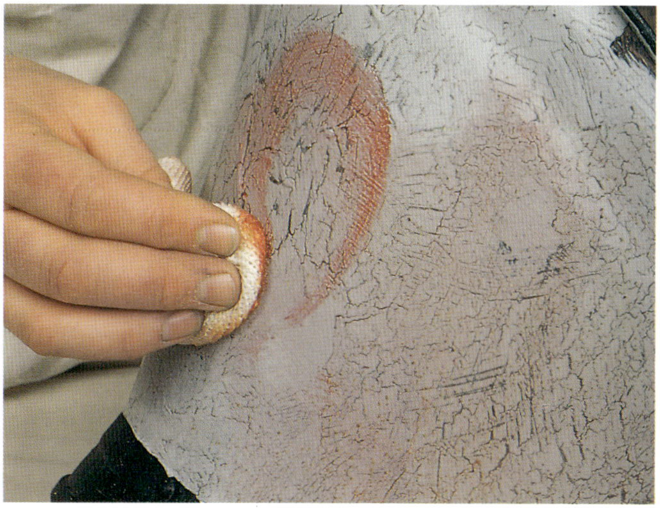

4 Cuando el craquelado esté completo, barnice la superficie o frótela con un poco de cera coloreada (para teñirla). Resalte los bordes y el interior del cubo con un color complementario y decore la superficie.

Chimenea de los años treinta *restaurada*

❖

La chimenea constituye un elemento central que define el carácter de una estancia, por lo que puede proporcionar el punto de partida y el estilo adecuado para la construcción. A esta chimenea de los años treinta, originalmente esmaltada al fuego, se le ha dado un acabado a partir de una pintura de metal martelé con un poco de oro. Se pueden utilizar acabados similares sobre otras muchas superficies, con muy buenos resultados sobre estufas de leña antigua.

❖

Material necesario:

- Espátula metálica
- Papel de lija
- Al menos dos colores de pintura con acabado martelé
- Brochas diversas
- Pintura dorada con base al óleo
- Pintura mate negra

1 Rasque la superficie pintada existente con una espátula metálica y restriegue la superficie completamente con papel de lija con el fin de conseguir una buena base para la pintura con acabado martelé.

2 Aplique las pinturas al azar y mezcle dos o más colores para conseguir la mezcla de colores deseada.

3 Mientras el acabado martelé esté todavía húmedo, puntee un poco de pintura dorada con base al óleo y dilúyala en la superficie hasta que consiga la mezcla deseada.

4 De nuevo con la superficie todavía húmeda, salpique sobre la superficie un poco de pintura mate negra golpeando con la brocha cargada con firmeza. Cuando la superficie esté seca, conseguirá un acabado auténtico.

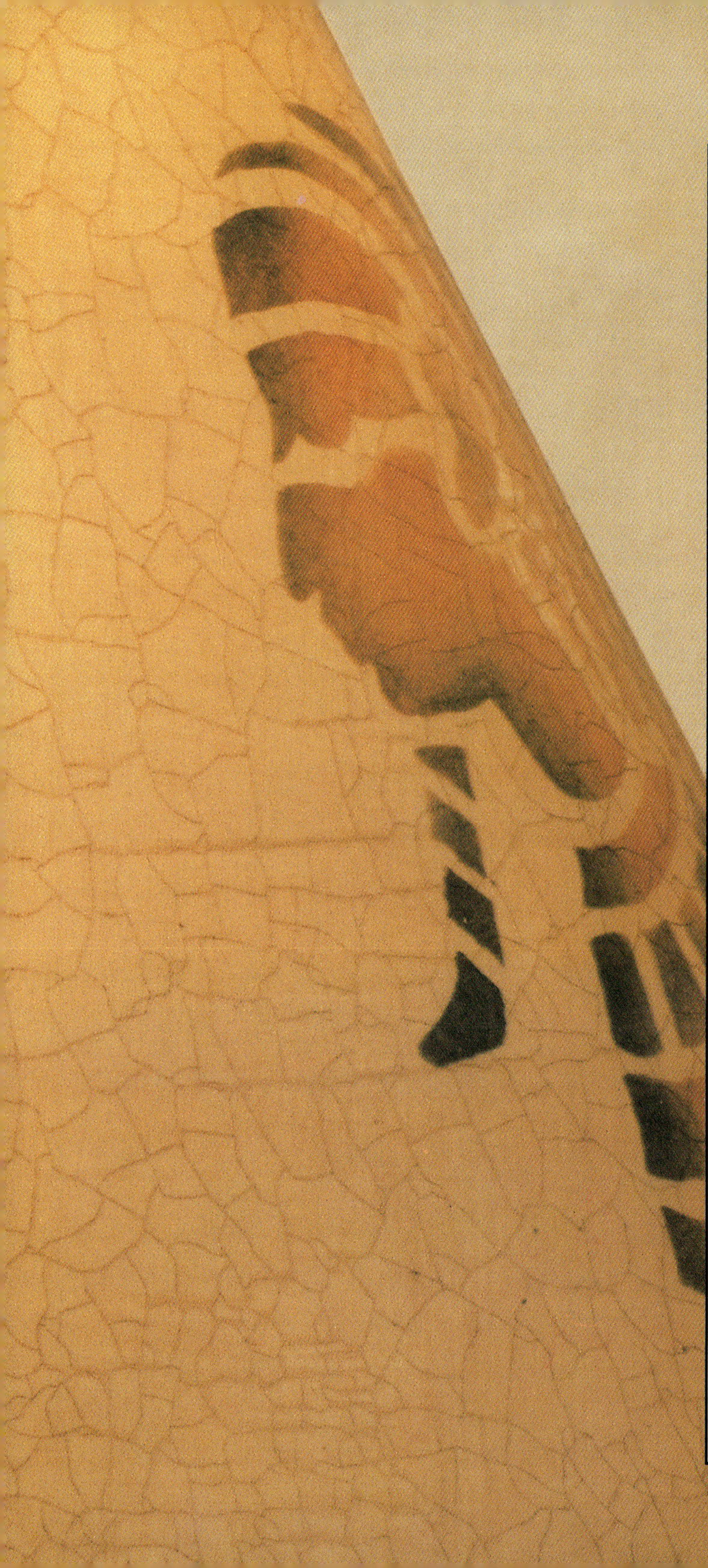

Papel y piel

❖

Miles de objetos domésticos de uso diario han sido realizados con papel. Con el tiempo, el sol destiñe el estampado y tiñe el color del papel, mientras que el empleo continuado hace que las esquinas se estropeen y los dobleces se vuelvan frágiles. Todos estos efectos se pueden conseguir en muy poco tiempo utilizando diversas técnicas de envejecimiento. Por su parte, la piel es uno de los pocos materiales que, de hecho, mejora con el tiempo. En general, es necesario un proceso muy especializado para trabajar y manufacturar objetos de piel, pero de todos modos resulta relativamente fácil envejecer las superficies y producir originales efectos.

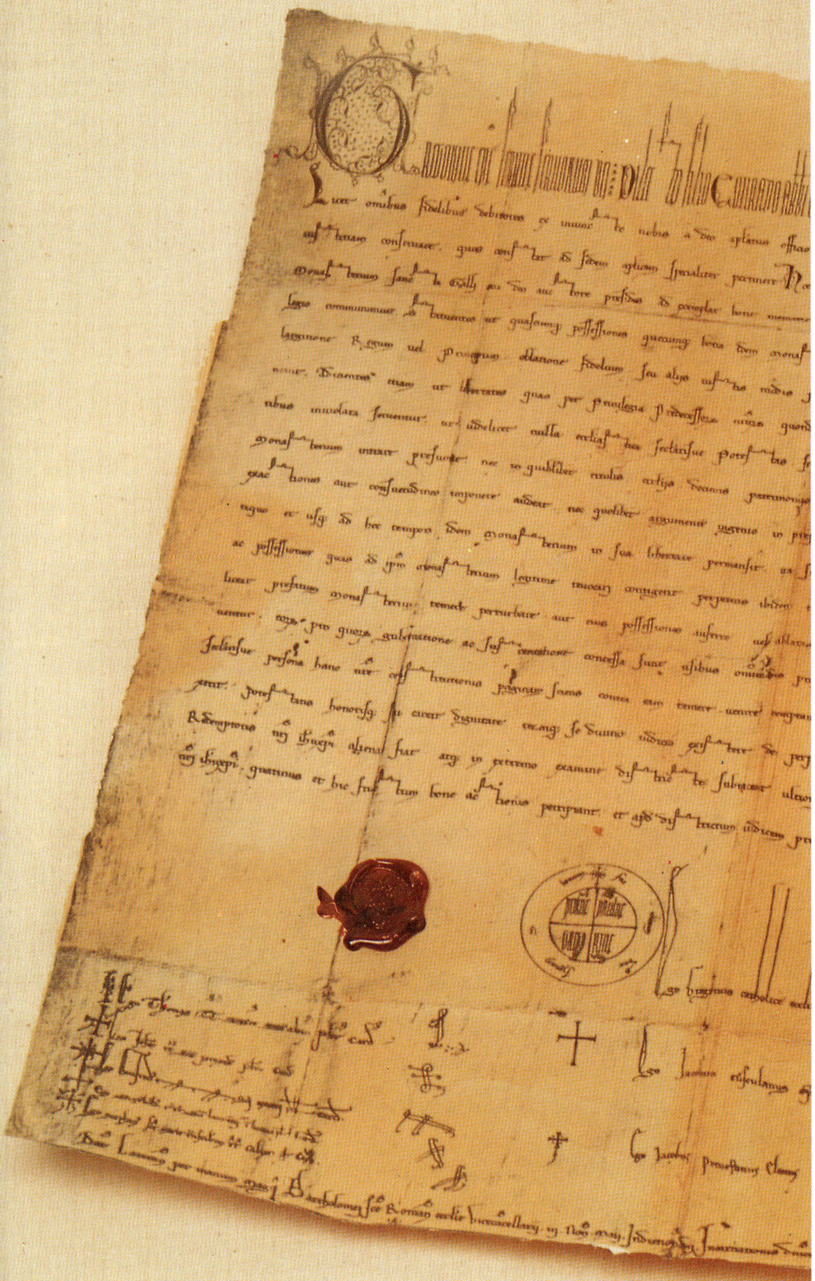

Manuscrito envejecido

❖

Los mapas antiguos, las ilustraciones y los manuscritos pueden proporcionar bellos motivos para decorar las paredes. Lógicamente, los manuscritos verdaderos son muy escasos y de gran valor, pero se pueden obtener fotocopias de los originales en las bibliotecas importantes. Las fotocopiadoras normales copiarán las gamas de color y las reproducirán en una gama de grises y en negro, sobre un fondo blanco simple, aunque también se puede fotocopiar en color. Esta fotocopia en blanco y negro se ha extraído de un texto antiguo, escrito en latín.

❖

Material necesario:

- Fotocopia de un original
- Té fuerte frío
- Lacre
- Sello

1 Doble y arrugue el papel y sumérjalo en una solución de té fuerte frío para conseguir un tinte de color natural envejecido.

2 Aclare el papel y déjelo secar. Recorte los bordes rasgándolos contra un borde afilado, en vez de cortar el papel.

3 Deje caer unas gotas de lacre sobre la superficie para formar un pequeño charco. El lacre puede causar quemaduras, por lo que debe ir con cuidado durante esta operación.

4 Mientras el lacre este todavía fundido, presione sobre él con el sello. El sello de lacre proporcionará una autenticidad maravillosa al documento, que puede personalizar con sus propias iniciales o su escudo familiar.

Pantalla en papel *envejecido*

❖

En ocasiones, resulta difícil encontrar pantallas para lámparas atractivas que además encajen en una determinada estancia. Esta pantalla decorada ha sido creada a partir de una compra de restos de serie y se puede adaptar a cualquier proyecto decorativo. En este caso recuerda a una pantalla de los años treinta, cuando la fascinación por Egipto y los faraones se encontraba en su punto álgido.

❖

Material necesario:

- Barniz acrílico
- Diversas brochas
- Papel para plantillas (papel vegetal)
- Lámina de poliéster
- Diseño apropiado para estarcir
- Rotulador de punta fina de tinta permanente
- Cristal
- Cúter para trabajos manuales o cuchilla eléctrica para estarcido
- Adhesivo en aerosol
- Cinta de pintor
- Pintura para estarcido
- Pinceles para estarcido
- Paleta o un plato viejo
- Producto para craquelar con base al agua
- Pintura al óleo
- Aguarrás
- Paños suaves

1 Selle la pantalla con barniz acrílico, añada varias capas y deje secar la superficie entre capa y capa. Marque una plantilla directamente sobre el poliéster o sobre un papel, haciendo rodar la pantalla y marcando los extremos superior e inferior.

2 Elija un diseño apropiado de algún libro y utilice la fotocopiadora si desea cambiar los tamaños. Resiga el diseño sobre la lámina de poliéster con un rotulador de tinta permanente de punta fina.

3 Coloque el diseño bajo un trozo de cristal. Alinéelo con la plantilla de estarcir y utilice una cuchilla eléctrica para recortar el dibujo.

4 Fije la plantilla de estarcir con una combinación de adhesivo en aerosol y cinta de pintor y asegúrese de que la costura de la pantalla queda en la parte posterior.

5 Trabaje bien la pintura con la brocha sobre una paleta o un plato y utilice pequeñas cantidades de pintura para conseguir los mejores resultados.

6 Aplique la pintura punteando o rotando con la brocha. Ésta se secará a medida que la aplique, de forma que conseguirá un efecto matizado.

7 Aplique un segundo e incluso un tercer color inmediatamente con el fin de conseguir un efecto estilístico más interesante. Cuando haya terminado el estarcido, déjelo secar completamente y aplique otra capa de barniz acrílico.

8 Aplique una capa base de producto para craquelar con base al agua siguiendo las instrucciones del fabricante.

9 Cuando la capa de base se encuentre seca, aplique una nueva capa sobre ella. Se pueden conseguir tanto grietas finas como gruesas; aquí se ha elegido esta última versión. Deje secar la última capa de un día para otro.

10 Utilice pintura al óleo para resaltar la superficie craquelada y dar una impresión de antigüedad. Retire el exceso de pintura al óleo con aguarrás y un paño suave y proteja la superficie con una capa adicional de barniz.

Marco para fotografías *con découpage*

❖

Los sencillos marcos para fotografías actuales, al igual que otros muchos objetos, a menudo se pueden mejorar con las técnicas más simples. Por ejemplo, se puede utilizar yeso para crear adornos y molduras con el fin de decorar superficies sobre las que posteriormente se pueden añadir dorados. Estos sencillos sistemas muestran que se pueden conseguir resultados de gran estilo y autenticidad con un mínimo esfuerzo.

❖

Material necesario:

- Cenefas de bandejas para pasteles o motivos de découpage
- Papel de lija
- Cola para manualidades
- Cera para muebles
- Pintura al óleo
- Paños suaves
- Aguarrás

1 Recorte la cenefa dorada para pasteles para que encaje en este sencillo marco de color negro. También se pueden utilizar alternativas como papel labrado, paños, tapetes de blondas o molduras de plástico en serie.

2 Frote ligeramente la superficie con papel de lija para mejorar la adhesión y utilice una cola para manualidades para encolar la cenefa de papel en su lugar.

3 Cuando se haya secado el adhesivo, frote con un paño suave una mezcla de cera de muebles con un poco de pintura al óleo sobre la superficie. La pintura roja resulta un complemento ideal para una superficie dorada.

4 Cuando la cera se haya endurecido, pula la superficie con un paño limpio y suave para conseguir un brillo satinado natural. Si es necesario, se puede retirar el exceso de cera con aguarrás.

Abanico de papel *estarcido*

❖

En tiempos pasados, ninguna mujer hubiera aparecido en público sin un abanico. En la actualidad, también se pueden utilizar como objeto decorativo o adorno para la pared. Si desea crear un bello objeto de estilo antiguo, utilice un tapete hecho a máquina como plantilla de estarcir y conseguirá una deliciosa imagen sobre un simple abanico de papel liso.

❖

Material necesario:

- Cinta de pintor
- Trozo de cartón o chapa rígida
- Tijeras
- Tapete de algodón o de blonda hecho a máquina
- Pintura en aerosol

1 Abra totalmente el abanico de papel y péguelo sobre un recorte de cartón rígido o una plancha de madera, protegiendo las zonas que no desee pintar.

2 Recorte un trozo del tapete elegido para cubrir completamente el abanico abierto y colóquelo presionando lo más firmemente posible. Siguiendo las instrucciones del fabricante, empiece a aplicar el color.

3 Continúe pintando para dar profundidad al color. Utilice dos o más colores distintos si lo desea y finalmente retire el tapete. Deje el abanico en el mismo sitio hasta que esté totalmente seco.

4 Cuando la superficie se haya secado, retire la cinta de pintor y con cuidado pliegue de nuevo el abanico devolviéndole su forma original.

Escribanía de piel

❖

La piel se utiliza en una gran diversidad de objetos, ya que combina dos propiedades muy apreciadas: flexibilidad y resistencia. Obviamente, el trabajo en piel requiere herramientas especializadas, maquinaria y una considerable destreza. Sin embargo, este bonito escritorio con tapa muestra que es posible conseguir grandes resultados con las herramientas mínimas.

❖

Material necesario:

- Pintura plástica en rojo y verde oscuro
- Vaselina
- Estropajo de acero
- Barniz acrílico o sintético
- Cartón
- Cuchara
- Tijeras
- Rotulador
- Cadena pesada
- Piel y herramienta para repujar
- Cúter eléctrico para estarcido o soldador
- Mazo
- Tinte para envejecer la piel o tinte para madera con base de disolvente
- Cúter
- Betún incoloro para piel
- Diversas brochas
- Pasta adhesiva

1 Recubra el escritorio con tapa con una base de pintura plástica de color verde oscuro. Resalte las áreas que normalmente sufrirían un desgaste más fuerte con un poco de pintura plástica roja.

2 Aplique un poco de vaselina con los dedos. Al final, estas áreas aparecerán como desgastadas por lo que no debe exagerar, ya que el resultado final perdería realismo.

3 Aplique pintura plástica de color verde oscuro sobre el escritorio. Cuando esté del todo seca, frote la superficie vigorosamente con un estropajo de acero y, de este modo, las zonas previamente cubiertas con vaselina obtendrán un aspecto desgastado. Proteja toda la superficie con barniz.

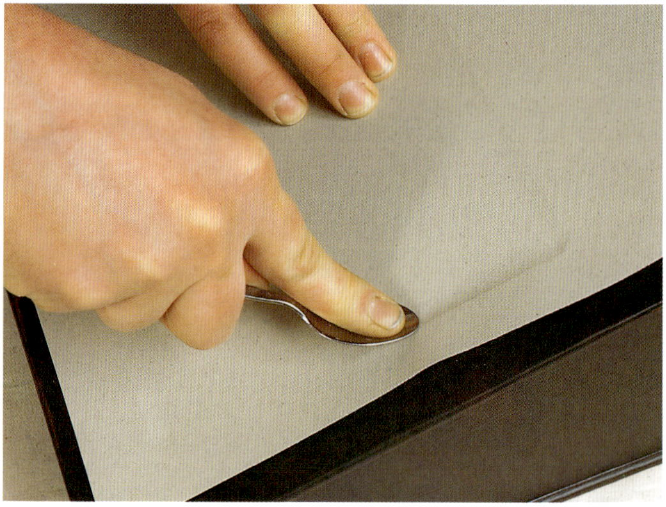

4 Marque una plantilla para que encaje en el espacio frotando el revés de una cuchara sobre el cartón colocado en el lugar correspondiente. Cuando se forme una línea en relieve, recorte con cuidado el cartón.

5 Utilice un rotulador de tinta permanente para marcar la forma del encaje en la piel dibujando alrededor de la plantilla. Seguidamente, recorte la piel en esa forma con unas tijeras.

6 Consiga un efecto de uso continuado y de desgaste golpeando la piel con una cadena pesada. Proteja la superficie de debajo y asegúrese de que la piel se encuentra sobre una base firme.

7 Marque líneas a la misma distancia desde el borde de la plantilla utilizando un canto recto y un cúter eléctrico para estarcido o un soldador.

8 Utilice una herramienta de repujar y una maza para crear una impresión en la superficie de la piel, teniendo en cuenta que debe trabajar sobre una superficie resistente.

9 Frote toda la superficie con un tinte para envejecer la piel, siguiendo las instrucciones del fabricante. Como alternativa, puede utilizar un tinte para madera con base de disolvente.

10 Finalmente, recorte la piel con la forma deseada con una cuchilla afilada, frótela con un poco de betún incoloro y fíjela en su sitio con pasta adhesiva.

Yeso y piedra

❖

El yeso es un material muy versátil y se pueden encontrar una gran variedad de buenos moldes en el caso de que desee fabricar objetos con él. Por otro lado, los productos de yeso a menudo resultan económicos y de muy buena calidad. Una vez el yeso esté totalmente seco, la superficie se vuelve resistente y fácil de pintar. Como material, la piedra también da la impresión de una gran consistencia y durabilidad. Los objetos de piedra, como adornos para el jardín, a menudo mejoran con el tiempo al desgastarse y cubrirse de musgo, un proceso de envejecimiento que puede imitarse sin grandes esfuerzos.

Querubines con polvo *de oro*

❖

No resulta difícil encontrar polvos de metal finamente triturados y pigmentos para pintura en una amplia gama de colores, los cuales se pueden mezclar y aplicar sobre casi cualquier superficie y proporcionan excelentes resultados. Los pequeños objetos de adorno en yeso se pueden fabricar con un molde o comprar ya hechos. Sin embargo, tenga en cuenta que todo tipo de polvos finos, principalmente los metálicos, se han de utilizar con mucho cuidado.

❖

Material necesario:

- Imprimación de óxido rojo
- Brochas
- Cola para manualidades
- Polvos para dorar
- Estropajo de acero
- Barniz con base al óleo o sintético

1 Un objeto de yeso recién salido del molde se ha de dejar secar al menos durante una semana. Cuando esté seco, aplique sobre él una capa de pintura de óxido rojo. Puede ser necesaria una segunda capa para conseguir un buen acabado.

2 Cuando se haya secado la pintura, aplique una capa fina de cola para manualidades con una brocha pequeña. Evite que se acumule cola en las hendiduras, pues esto afectaría a la calidad del resultado final.

3 Recoja un poco de polvo para dorar con el extremo de una brocha de dureza media y sacúdalo ligeramente sobre la superficie. A medida que el dorado se acumule, gire con cuidado el querubín para cubrir la superficie.

4 Cuando esté seca, retire suavemente con la brocha cualquier exceso de polvos. Frote con un estropajo de acero fino para sacar a la superficie un poco de la base roja. Aplique una capa de barniz con base al óleo.

Busto de yeso *marmolado*

❖

El mármol posee una extraordinaria calidad, por la que ha sido admirado durante todas las épocas. La variedad de colores y estilos posibles es enorme, así como los factores que afectan la textura, como las manchas y las alteraciones creadas en la roca durante su formación geológica. Cuando se imita el mármol siempre es útil tener a mano una muestra del original o una fotografía. Este busto de yeso se ha acabado con un sencillo efecto de mármol gris para imitar una famosa escultura antigua.

❖

Material necesario:

- Papel de lija
- Pintura mate clara
- Al menos dos veladuras de colores distintos
- Brochas variadas
- Bolsa de plástico
- Paños suaves
- Brocha de estarcido
- Aguarrás
- Pincel de calidad o pluma
- Brocha para suavizar
- Barniz con base al óleo

1 Lije los bordes ásperos o las marcas gruesas del busto de yeso y aplique al menos tres capas de pintura mate de color blanco o crema.

2 Utilizando una brocha estándar para decorar, aplique con firmeza las dos veladuras previamente tintadas. Éstas resultan apropiadas tanto si son acrílicas como de base al óleo.

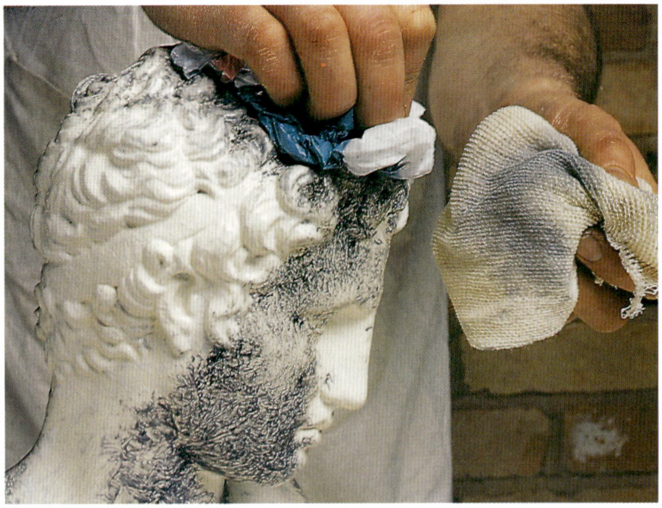

3 Funda los dos barnices sobre una bolsa de plástico arrugada. Para ello, concéntrese en un color cada vez y a continuación funda ambos entre sí. Seque la bolsa con un trapo para controlar la intensidad del color.

4 Resulta difícil llegar a según qué zonas con una bolsa de plástico. Por esta razón, resulta útil emplear una brocha de estarcido para difuminar la veladura en esas zonas. Ahora la superficie debería contar con zonas matizadas fundidas sutilmente unas con otras.

5 Mezcle aguarrás o pintura al óleo y utilice un pincel fino o una pluma para pintar el veteado. Éste se puede ramificar y desaparecer, pero no deben tocarse entre sí.

6 Difumine el veteado y el fondo con una brocha de suavizar, realizando un movimiento suave de péndulo. Trabaje primero en la dirección general del veteado, después en ángulo recto a éste.

7 Cuando se ha conseguido el resultado deseado, deje secar la veladura. Añada más capas de veladura para ayudar a crear la intensidad de color que se asocia con el mármol auténtico.

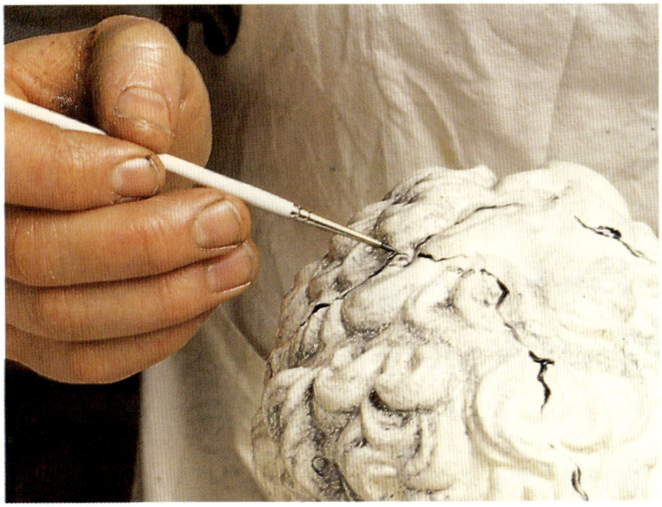

8 Repita el proceso de veteado con un pincel fino o una pluma para añadir más detalles. El efecto de mármol adquiere mejor aspecto si se pinta por capas.

9 Puntee más capas de veladura con un paño para crear profundidad.

10 Cuando haya terminado el proceso (de veladura), proteja la superficie con un barniz.

Juego de ajedrez de ébano *y marfil*

❖

Antiguamente se utilizaban materiales como el ébano o el marfil para fabricar una amplia gama de objetos, desde teclas de piano hasta juegos de ajedrez.
Sin embargo, en la actualidad el empleo de estos materiales ha sido fuertemente restringido, tanto por razones ecológicas como de precio. De todos modos, se pueden crear fácilmente muy buenas imitaciones sin que ello cause ningún estrago en nuestros bolsillos o en el medio ambiente. Este juego de ajedrez en yeso estaba ya fabricado, pero puede encontrar moldes para realizarlo usted mismo.

❖

Material necesario:

- Pintura mate de color marrón oscuro y crema pálido
- Diversas brochas
- Veladura marrón oscuro y negra
- Paño suave
- Cera para muebles o barniz acrílico

1 Aplique la pintura mate de color crema con una brocha y añada una segunda e incluso una tercera capa para obtener una buena superficie.

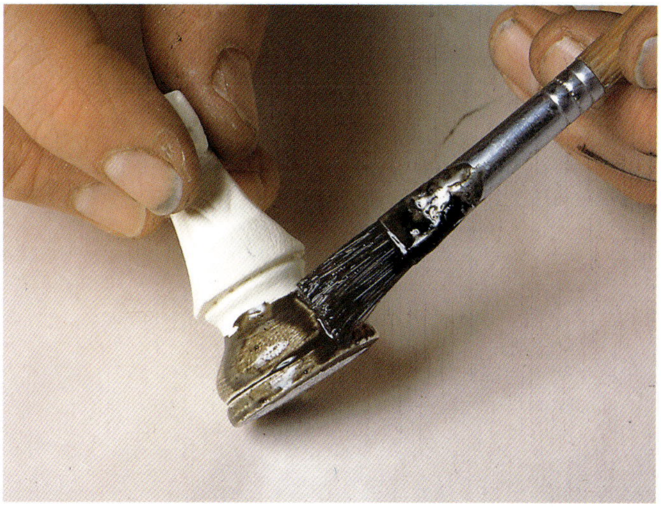

2 La pintura mate de color marrón muy oscuro resulta la base ideal para el ébano, que tradicionalmente se considera que es negro, aunque, de hecho, se trata de una sutil mezcla de tonos muy oscuros de marrón.

3 Cuando la base se haya secado, añada una capa de veladura oscura sobre la superficie, prestando especial atención a las molduras. La veladura se seca despacio: recubra todas las piezas antes de continuar.

4 Retoque la superficie con un paño suave, retirando gran parte de la veladura de los puntos más elevados, pero dejando las hendiduras sin tocar. Cuando esté seca, proteja la superficie con barniz o cera para muebles.

Adorno para jardín de cemento *envejecido*

❖

En cualquier patio que se precie podemos encontrar diversos accesorios decorativos que complementan la belleza natural del jardín, aunque el proceso natural de envejecimiento de la piedra o la terracota es muy largo. Las siguientes técnicas aceleran en gran medida este proceso de envejecimiento. Este enorme macetero realizado en cemento en sólo tres semanas parece que hubiera pertenecido a la familia durante muchas generaciones.

❖

Material necesario:

- Cepillo metálico
- Brochas
- Base de yogur
- Tela para requesón

1 Retire cualquier resto de material suelto frotando vigorosamente la superficie con un cepillo metálico.

2 Pinte la superficie con una capa abundante de base de yogur. Como alternativa, entierre el objeto en un montón de abono.

3 La humedad y la aireación son elementos esenciales y, envolviendo la superficie con tela para requesón humedecida, se pueden mantener ambos. Conserve la superficie húmeda, y si es posible tibia, pero no caliente.

4 Después de sólo tres semanas el musgo se desarrollará sobre la superficie.

VIDRIO Y CERÁMICA

❖

Aunque resulta difícil cambiar el vidrio en sí, el hecho es que su transparencia abre un amplio abanico de posibilidades. Se puede pintar, grabar o se le puede aplicar découpage consiguiendo un gran efecto, e incluso se puede intentar transformar un espejo para que parezca viejo.

Las superficies de cerámica están normalmente decoradas con esmaltes y cocidas en el momento de su fabricación. Esto crea una superficie muy resistente y duradera que se altera poco con el tiempo.

Sin embargo, es posible copiar antigüedades en cerámica con los esmaltes en frío y aerosoles de resinas sin la necesidad de utilizar los costosos hornos.

Espejo desgastado *y envejecido*

❖

En los espejos antiguos, la capa plateada que crea la superficie reflectante bajo el cristal se halla protegida sólo por una fina capa de pintura, por lo cual resulta vulnerable al desgaste, lo que provoca un reflejo más apagado y a veces imperfecto. Esta técnica le muestra cómo desgastar y envejecer un espejo moderno.

❖

Material necesario:

- Decapante para pinturas
- Brocha
- Estropajo de acero
- Aguarrás
- Hematite o solución de pátina para metales
- Atomizador
- Pintura negra en aerosol

1 Coloque el espejo nuevo boca abajo sobre una superficie protegida. Pinte con cuidado una capa de decapante para pintura para que la superficie empiece a pelarse y burbujear. Añada otra capa más si es preciso.

2 Cuando la base se reblandezca, retire la capa protectora frotando suavemente con un estropajo de acero, moviéndolo y dándole vueltas si es necesario.

3 Limpie la superficie con un poco de aguarrás y un estropajo de acero limpio y, cuando esté seca, pulverice sobre ella un velo fino de hematite u otra solución de pátina para metales.

4 Las soluciones de pátina para metales actúan sobre la superficie con rapidez y se deben lavar para evitar que prosiga la decoloración. Una vez seca, pulverice o pinte la superficie con un acabado negro mate con base al óleo.

Pantalla de lámpara *estarcida*

❖

Las superficies de cerámica o de vidrio se pueden decorar pintando o estarciendo diseños para que parezcan antiguas o, simplemente, para hacerlas más atractivas. Los esmaltes para cerámica en frío, que no es necesario hornear, se encuentran en una amplia gama de colores y dan resultados excelentes. Esta pantalla mate resulta ideal para la aplicación de un sencillo pero efectivo diseño.

❖

Material necesario:

- Diseño para estarcido
- Trozo de papel
- Papel para estarcido o papel poliéster
- Rotulador de tinta permanente de punta fina
- Tijeras
- Cristal
- Cúter eléctrico para estarcido o cuchilla normal
- Adhesivo en aerosol
- Cinta de pintor
- Esmaltes para cerámica en frío
- Brocha de estarcido

1 Marque una plantilla sobre un trozo de papel. Utilizando la plantilla como guía, marque la lámina para estarcir con un rotulador de tinta permanente de punta fina. Recorte la lámina con tijeras.

2 Coloque el diseño bajo un cristal y sitúe la lámina sobre él. Utilice un cúter eléctrico o normal para reseguir y cortar la imagen y fije el estarcido con adhesivo en aerosol. Utilice la cinta de pintor para fijar los extremos.

3 Con la brocha de estarcido recoja un poco de esmalte para cerámica en frío y hágalo penetrar bien entre las cerdas. Puntee con la brocha a través de la plantilla, reforzando de forma progresiva la intensidad del color.

4 Deje secar la pintura al menos durante tres horas, retire cuidadosamente la plantilla y deje secar la pantalla de un día para otro.

Découpage de papel de seda *sobre vidrio*

❖

Las superficies de cerámica y vidrio se pueden decorar con esmaltes en frío, aunque para esto se necesita una habilidad considerable. A menudo se encuentran bonitos diseños entre recortes de découpage que se pueden fijar fácilmente sobre el vidrio. Sin embargo, de este modo se pierde su transparencia, lo cual afecta a la calidad de la pieza terminada. Una sencilla servilleta puede parecer un panel pintado a mano, tal como hemos hecho en esta vitrina pintada, consiguiendo un efecto realmente impactante.

❖

Material necesario:

- Retales de papel de seda estampado
- Tijeras finas
- Adhesivo en aerosol
- Barniz mate y brocha

1 Desmonte la puerta para conseguir una superficie de trabajo segura y práctica, y limpie y seque totalmente el cristal.

2 Recorte los diseños seleccionados con un par de tijeras afiladas. El papel de seda fino puede ser difícil de recortar y aplicar, por lo que es mejor escoger diseños sencillos.

3 Utilice adhesivo en aerosol para fijar el papel de seda sobre la superficie del cristal, siguiendo las instrucciones del fabricante.

4 Coloque el papel con cuidado y alíselo para evitar que queden atrapadas burbujas de aire. Si es necesario, agujeree el papel para que suelte el aire atrapado. Por último, aplique varias capas de barniz mate.

Mrs Brown's
VINEGAR
Malt Distilled
1 qrt.

Botella de vidrio *antigua*

❖

Muchas cocinas tradicionales se encontraban repletas de todo tipo de conservas caseras, confituras y mermeladas con las características etiquetas escritas a mano. Esta sencilla botella de vidrio posee un acabado muy aparente, realizado por medio de una imitación de cristal grabado al ácido y de una etiqueta antigua. Se ha utilizado un estarcido muy sencillo para conseguir el efecto.

❖

Material necesario:

- Plantilla de estarcir apropiada
- Adhesivo en aerosol
- Cinta de pintor
- Pintura para estarcido con base al óleo
- Brocha de estarcido
- Paleta o plato viejo
- Modelo original
- Tijeras
- Tinte para madera de color roble oscuro con base de disolvente

1 Limpie la superficie del cristal y fije la plantilla de estarcido con adhesivo en aerosol. Utilice cinta de pintor para fijar los bordes. Recoja un poco de pintura con la punta de la brocha de estarcido, haciendo que penetre entre las cerdas sobre la paleta o el plato. Puntee suavemente con la brocha a través del estarcido.

2 Cree su propia etiqueta recortando y pegando diversos diseños; fotocopie para obtener varias copias. Remójela con tinte para madera de color roble oscuro con base de disolvente para darle color al papel. Cuando esté seca, péguela con adhesivo en aerosol.

Pie de lámpara craquelado con *aerosol*

❖

Puede crear un acabado craquelado natural de diversas maneras, pero este tipo en aerosol se encuentra con facilidad, resulta sencillo de utilizar y es muy efectivo. Puede proporcionar un acabado como éste a cualquier superficie de cerámica, ya sea nueva o incluso deteriorada o reparada.

❖

Material necesario:

- Caja donde aplicar el aerosol
- Producto para craquelar en aerosol
- Pintura acrílica
- Brocha
- Barniz acrílico o con base al óleo

1 Construya una caja para aplicar el aerosol recortando dos esquinas de una caja de cartón. Protegiendo las zonas adyacentes de la influencia del aerosol, cubra con éste la base de la lámpara. Siga las instrucciones del fabricante, procurando aplicar la pintura de manera uniforme.

2 Aplique una segunda capa cuando haya pasado el tiempo recomendado, de nuevo intentando pulverizar de modo uniforme.

3 El craquelado empezará a aparecer inmediatamente y continuará desarrollándose hasta que la capa superior se haya secado. El tipo y el estilo del craquelado se pueden controlar con la uniformidad y el espesor de las capas.

4 Cuando la superficie se haya secado por completo, se puede terminar la decoración pintando a mano o estarciendo diseños. Proteja la superficie con un barniz.

Baldosa de cerámica *estampada*

❖

Las superficies de cerámica generalmente se decoran con esmaltes resistentes que se funden y endurecen en el horno a altas temperaturas. Obviamente, esto resulta inaccesible para la mayoría, pero por fortuna se han desarrollado pinturas con base de resina muy resistentes, generalmente conocidas como esmaltes en frío, que en la actualidad permiten emprender una amplia gama de proyectos. Esta baldosa que sirve de base para una tetera se ha decorado con un sello de goma que le da un aspecto de obra pintada a mano muy atractivo.

❖

Material necesario:

- Esmalte en frío
- Sello de goma
- Varios pinceles
- Esponja
- Aguarrás

1 Aplique un poco de pintura sobre el sello de goma utilizando un pincel o una esponja y aplique el sello sobre la superficie con cuidado para evitar emborronar la imagen. Una presión firme y una capa uniforme de pintura aseguran unos buenos resultados.

2 Levante el sello para ver la imagen y con un pincel añada unas líneas que la enmarquen. La pintura sobre cerámica puede tardar una semana en endurecerse. Cuando esté seca, coloque la baldosa en un marco.

PLÁSTICO

❖

Actualmente la variedad y la versatilidad de los plásticos es enorme y éstos se pueden utilizar en muy diferentes contextos. El hecho de que el plástico se pueda moldear para darle cualquier forma significa que se presta a una amplia gama de posibles transformaciones, de modo que se pueden crear antigüedades a partir de objetos que de otro modo se hubieran considerado normales y corrientes.

Marco con *verdín*

❖

La corrosión natural de muchos metales que contienen cobre produce una distintiva pátina verdiazulada conocida como verdín. Usted puede imitar este efecto sobre la mayoría de las superficies con pinturas y veladuras. Utilizando este sistema sobre un marco de plástico dorado, que empieza a pelarse, puede transformarlo en un instante en un complemento elegante y con estilo.

❖

Material necesario:

- Surtido de pinturas con base al agua
- Paleta o plato viejo
- Veladura acrílica
- Brochas de estarcido
- Paño suave
- Barniz mate (opcional)

1 Tiña la veladura transparente antes de utilizarla. En el caso de objetos para los que no resulte necesario conseguir un tono exacto, trabaje simplemente sobre la paleta o en un plato con una mezcla de colores, veladura y disolvente.

2 Utilizando una brocha de punteado o de estarcido, mezcle la veladura y la pintura, y aplíquela toscamente sobre la superficie adornada. Utilice una brocha para cada color y sobreponga éstos a medida que pinta.

3 Cuando la superficie se encuentre cubierta, utilice un paño suave para retirar la veladura de algunas zonas y difuminar los colores de manera que no queden fronteras precisas. Aplique más veladura cuando la base esté seca.

4 La superficie acabada es bastante resistente, pero si es necesario se puede proteger con un barniz apropiado. Un barniz mate le puede proporcionar un aspecto más auténtico.

Cuenco de plástico *laqueado*

La tradicional técnica del laqueado se asocia generalmente con las antiguas civilizaciones china y japonesa. Aunque la mayoría de las obras se realizaban sobre bases de madera o papel maché, no existe ninguna razón para no utilizar cualquier base apropiada. Este cuenco de plástico ya no está en sus mejores momentos y la mayor parte de la decoración se ha desgastado. Sin embargo, posee una bonita forma que se presta a una buena restauración. Una imitación del cuenco tradicional japonés con una decoración de carpas doradas es una solución perfecta.

Material necesario:

- Papel de lija fino
- Pintura mate de color negro en aerosol
- Caja de cartón
- Plantilla de estarcir
- Adhesivo en aerosol
- Cinta de pintor
- Pinturas de estarcido con base al agua en colores rojo y dorado
- Brochas de estarcido
- Pasta de dorar
- Paño suave
- Rotulador dorado
- Barniz satinado o con base al óleo

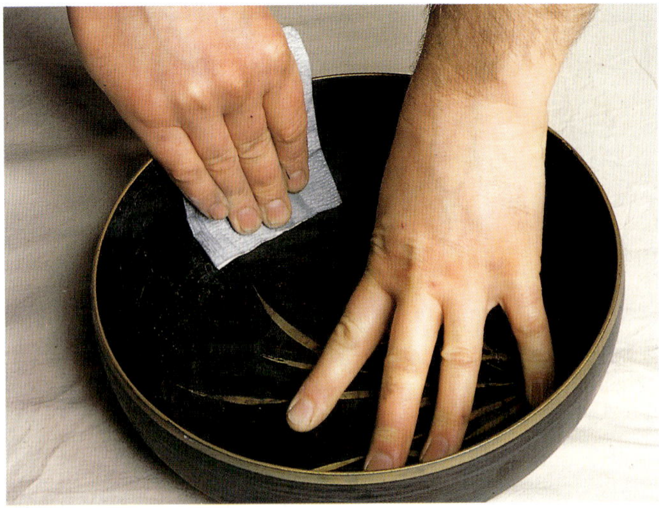

1 Frote completamente la base con papel de lija para conseguir buenos resultados con la pintura en aerosol y también para retirar cualquier textura o dibujo que todavía pudiera quedar en la superficie.

2 Utilice una caja de cartón para formar una improvisada protección donde aplicar el aerosol y evitar que éste manche los alrededores. Siga las instrucciones del fabricante para conseguir un buen acabado.

3 Esta plantilla para estarcir recortada a mano se ha sacado de un libro, pero también se pueden encontrar plantillas ya preparadas. Utilice adhesivo en aerosol o cinta de pintor para fijar las plantillas en su sitio.

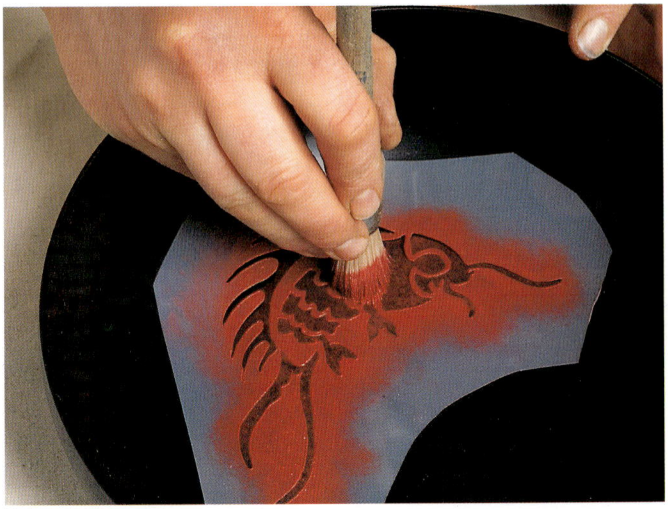

4 Recoja un poco de pintura para estarcir de color rojo carmesí, hágala penetrar en la brocha y desplace en espiral ésta, casi seca, a través de la plantilla. La pintura se secará con gran rapidez.

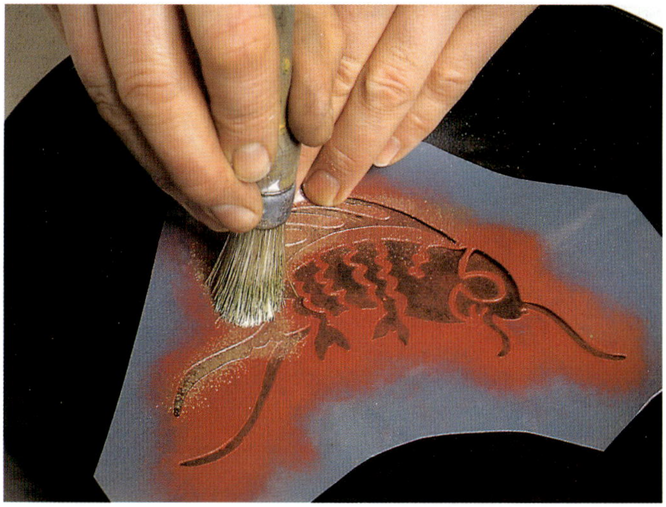

5 Utilice una pintura para estarcido dorada como contraste con el rojo carmesí; se puede añadir de forma inmediata. Si utiliza la misma brocha, la debe lavar completamente y dejarla secar del todo entre un color y otro.

6 Retire la plantilla inmediatamente. Utilice cinta de pintor para formar un borde alrededor de la parte superior del cuenco. Aplique con la brocha la pintura para estarcido de color rojo carmesí con un movimiento de punteado para crear una cenefa llamativa alrededor del borde superior.

7 Aplique un poco de pasta para dorar con un paño suave o una brocha seca con el fin de crear un llamativo borde dorado.

8 Pinte a mano con un pincel o con un rotulador dorado para resaltar el diseño y darle más definición, ya que, de otro modo, necesitaría muchas capas de estarcido. Proteja el cuenco terminado con un acabado de barniz en aerosol.

Maceta de plástico *envejecida*

❖

Los adornos de plástico para el jardín cuentan con varias ventajas significativas con respecto a los tradicionales de terracota o los de piedra, pues no sufren con las heladas, son más o menos irrompibles y por lo general resultan más económicos.

Sin embargo, a pesar de las mejoras realizadas a lo largo de los años, todavía tienen aspecto de plástico y no cambian con el tiempo del mismo modo que hacen otros materiales. Esta técnica le proporcionará una superficie que parece desgastada de un modo natural, lo que le ofrece un aspecto mucho más atractivo.

❖

Material necesario:

- Papel de lija o cuchilla afilada
- Cola para manualidades
- Pinceles
- Arena seca de diversos grosores

1 El proceso de fabricación del plástico a partir de moldes a menudo da lugar, en los puntos de unión y en los bordes, a toscas protuberancias. Retírelas con el filo de una cuchilla o papel de lija.

2 Con una brocha, aplique una capa de cola para trabajos manuales sobre la superficie. Si es necesario, deje secar la primera capa y añada una segunda.

3 Esparza la arena blanca de grano fino sobre la superficie, procurando que no queden espacios poco cubiertos o desiguales. Cuando la cola se haya secado del todo, frote ligeramente la superficie con una brocha suave.

4 Para conseguir un acabado más rugoso, vuelva a cubrir la superficie con cola y esparza la arena fina. Una vez seca, resulta resistente al agua; se puede envejecer de forma artificial con la técnica de envejecimiento de la piedra.

CONGLOMERADO

❖

Uno de los materiales más útiles para la fabricación de accesorios decorativos son las tablas de conglomerado. Se pueden trabajar y tratar como la madera, con la ventaja de que no se abomban, doblan, ni se retuercen ni se encogen. Como no tienen vetas, se pueden trabajar en todas las direcciones y resulta ideal para pintarlas. Sin embargo, se ha de ir con cuidado a la hora de utilizarlas, pues el polvo que producen es tóxico y no se debe respirar.

Paragüero de carey

❖

En la época victoriana se utilizaba a menudo el carey o caparazo de tortuga para decorar una amplia gama de productos domésticos. Es posible conseguir una copia realista utilizando tan sólo pintura y barniz, tanto en piezas de mobiliario grandes como en pequeños accesorios. Aquí se ha utilizado el color de base rojo natural, pero un amarillo intenso también puede resultar atractivo.

❖

Material necesario:

- Papel de lija
- Pintura de color rojo intenso y negro mate
- Brochas
- Barniz tintado de color roble oscuro
- Pintura al óleo de color tierra sombra tostada y negro
- Brocha para suavizar

1 Pinte la base de conglomerado, una vez lijada y limpia, con una pintura mate de color rojo amapola intenso. Cuando esté seca, repita todo el proceso hasta que consiga un buen acabado, y a continuación aplique una capa de barniz tintado de color roble oscuro.

2 Mientras el barniz siga húmedo, decore la superficie con lunares de pintura al óleo de color negro formando un diseño regular. Sobre cada uno pinte una «V» o un sombrero en color tierra sombra tostada.

3 Utilizando una brocha para suavizar, difumine los colores, primero en una dirección y después en ángulos rectos, hasta conseguir el aspecto deseado.

4 Cuando esta base se haya secado, líjela donde sea necesario y aplíquele varias capas de barniz tintado. Resalte las molduras con pintura negra mate para darle un último retoque a la pieza.

Papelera estarcida *y esmaltada*

❖

El proceso natural de envejecimiento se puede imitar por medio de veladuras, que proporcionan el color y el matiz de fondo, y de un craquelado, capaz de reproducir el típico agrietado que aparece con frecuencia en las superficies que llevan muchos años barnizadas o laqueadas. En este caso hemos recreado los efectos de unos cien años en tan sólo una semana, utilizando técnicas que se pueden adaptar fácilmente y con buenos resultados a casi todas las superficies.

❖

Material necesario:

- Papel de lija
- Pintura mate
- Brochas
- Veladura transparente y colorante
- Brocha de punteado
- Pintura al óleo
- Paño suave
- Plantilla de estarcir
- Adhesivo en aerosol/cinta de pintor
- Pinturas para estarcido y brochas
- Barniz acrílico o sintético
- Preparado para craquelar de dos componentes (barniz de pátina con base al óleo y goma arábiga con base al agua)
- Aguarrás

1 Frote ligeramente la superficie con papel de lija, límpiela y píntela con una capa de pintura mate. Cuando esté seca, repita el proceso hasta conseguir un buen acabado.

2 Mezcle y aplique con la brocha sobre la superficie pequeñas cantidades de las dos veladuras. En este caso, se ha utilizado veladura transparente tintada con pintura al óleo, pero también se puede emplear veladura acrílica.

3 Puntee suavemente cada zona por turnos y después difumine los colores punteando entre ambos. Limpie la brocha cuando sea necesario frotándola contra un trapo limpio y absorbente.

4 Cuando la superficie se haya secado por completo, fije la plantilla de estarcir con adhesivo en aerosol o con un poco de cinta de pintor, y moje la brocha con un poco de pintura.

5 Aplique la pintura sobre la plantilla utilizando un movimiento de punteado o en espiral. La pintura se seca casi inmediatamente, lo que le ofrece la posibilidad de controlar la intensidad del color.

6 Utilizando esta técnica puede conseguir un fundido sutil de los colores. Repita el proceso hasta completar todas las caras. Cuando la pintura se haya secado, selle la superficie con barniz acrílico o al óleo.

7 El craquelado puede sacar partido a las diferentes velocidades de secado de los barnices con base al agua o al óleo. Para ello, aplique una capa uniforme de barniz de pátina con base al óleo sobre la superficie sellada y déjelo secar.

8 Cuando esté seco, aplique con la brocha la goma arábiga con base al agua y deje secar de nuevo. Si desea producir grietas grandes, acelere el proceso con un secador de pelo. Al encogerse la capa superior se craquela la superficie.

9 Cuando se haya secado del todo, resalte las grietas frotándolas con pintura al óleo y limpie la superficie con un trapo suave y un poco de aguarrás.

10 Cuando la pintura al óleo o sintética esté seca, proteja la superficie aplicando un barniz con base al óleo o sintético para evitar que la goma arábiga se reblandezca. Pinte el interior del cesto en un tono verde oliva.

Pantalla para chimenea de estilo *victoriano*

❖

En la época victoriana, la técnica del découpage alcanzó una gran popularidad. Se recortaban laboriosamente trozos de papel y fotografías, se coloreaban a mano, y luego se pegaban sobre cualquier superficie. Seguidamente se aplicaban diversas capas de barniz hasta conseguir una superficie perfectamente lisa. En la actualidad se venden recortes impresos ya preparados, que se han utilizado aquí para crear una pantalla de chimenea típicamente victoriana.

❖

Material necesario:

- Pintura plástica negra
- Brochas
- Recortes de papel
- Tijeras finas
- Cola para manualidades
- Cúter
- Barniz acrílico o sintético
- Papel de lija de grado fino

1 Recubra la pantalla de chimenea con pintura plástica negra. Aunque al final sólo se vean las molduras, es recomendable pintar toda la superficie, pues esto evita que la cola se seque con demasiada rapidez.

2 Recorte con cuidado los papeles de découpage con unas tijeras afiladas. Estas hojas impresas se encuentran parcialmente recortadas para ahorrar tiempo, aunque si lo desea también puede utilizar papel para envolver regalos o fotocopias.

3 Remoje el papel para que se estire y péguelo con cola sobre la superficie. Cuando la cola se seca, queda transparente, por lo que se puede aplicar sobre la superficie de las imágenes. Continúe superponiendo imágenes.

4 Cuando el adhesivo se haya secado completamente, recorte los bordes con una cuchilla. Proteja la superficie con un mínimo de tres capas de barniz, frotando con papel de lija fino entre capa y capa.

ÍNDICE

Términos técnicos

Este libro contiene numerosos términos técnicos que pueden resultar desconocidos para los lectores que no hayan trabajado nunca alguna técnica concreta. Acuda a su proveedor para que le ayude a encontrar los materiales que necesite.

AGRADECIMIENTOS

Quiero agradecer a Quarto Publishing, y especialmente a Cathy Marriott y Toni Toma, el haberme dado la oportunidad de crear estos proyectos, así como a todo el equipo de The Painted Finish, que también me ha prestado una ayuda inestimable haciendo horas extras y proporcionando, de hecho, todos los modelos, veladuras, brochas, pinturas e inspiración. Aprecio muchísimo, asimismo, la experiencia y ayuda de Ian Howes, y espero volver a trabajar con él de nuevo. Por último, quisiera expresar mi agradecimiento a Paula, mi esposa, cuyo estilo y elegancia natural nunca dejan de sorprenderme.